Münsterschwarzacher Kleinschriften

herausgegeben
von den Mönchen der Abtei Münsterschwarzach

Band 103

Guido Kreppold

Krisen –
Wendezeiten
im Leben

Vier-Türme-Verlag

4. überarbeitete und aktualisierte Auflage 2001
© Vier-Türme GmbH, Verlag Münsterschwarzach
Alle Rechte vorbehalten
Umschlaggestaltung: Morian & Bayer – Eynck, Coesfeld
Umschlagmotiv: John Fox Images
Gesamtherstellung: Benedict Press Münsterschwarzach

Die Deutsche Bibliothek – CIP-Einheitsaufnahme
Kreppold, Guido:
Krisen – Wendezeiten im Leben / Guido Kreppold. –
Münsterschwarzach: Vier-Türme-Verlag, 1997.
(Münsterschwarzacher Kleinschriften; Bd. 103)
ISBN 3-87868-603-X

ISSN 0171-6360

Inhalt

Vorwort

Das Wort »Krise« gehört zu den Begriffen, die in der aufgeregten Zeit vor 30 Jahren in den geläufigen Sprachgebrauch eindrangen. Seitdem hat man nicht mehr aufgehört, von Glaubens-, Ehe- und Lebenskrisen nicht zuletzt von der Krise der Kirche, des Christentums und der Kultur zu reden. Dies führte im Bereich der Seelsorge zu einem gewaltigen Wandel. Nicht mehr der Beichtpriester ist gefragt, sondern der psychologische Berater oder der/die spirituelle BegleiterIn. Im Vordergrund steht nicht mehr die Schuld, sondern die Frage, wie man mit sich selbst und den Menschen, mit denen man lebt, zurechtkommt. Es ist nicht mehr das Gebot, das Menschen wie früher zur Beichte treibt, sondern die innere Not, die sie heute in eine Beratungsstelle oder zu einer anderen kompetenten und vertrauenswürdigen Person führt. Vom Standpunkt der kirchlichen Tradition redet man vom geschwundenen Schuldbewußtsein, das doch die tiefere Ursache der häufigen Krisen sei. Fraglich bleibt, ob man damit den betroffenen Menschen gerecht wird. Ganz falsch wäre es sicher, allen, die nicht mehr weiter wissen, zu sagen, sie seien doch selbst an allem schuld. Lebensprozesse sind so verschlungen, daß es ganz und gar unmöglich ist herauszufinden, wer im letzten was verursacht hat. Für die Betroffenen allerdings scheint meist die Frage eindeutig geklärt: Es sind die anderen. Doch statt die anderen Zorn und Ablehnung spüren zu lassen, führt es weiter, die Verantwortung für die eigene Befindlichkeit voll und ganz selbst zu übernehmen. Nur dies ist der Weg für eine dauernde und zufriedenstellende Lösung, dazu gibt es keine Alternative.

Wer den Schritt in eine Beratungsstelle wagt, hat jedem, der in derselben Lage dies verweigert, vieles voraus. Er sieht ein, daß er Hilfe braucht und daß eine Besserung der Situation bei ihm selbst beginnt. Er oder sie darf sagen: Wenn ich schon an den Umständen nichts ändern kann, so kann mich doch niemand daran hindern, mich selbst zu verändern.

Solange man jedoch den Schlüssel der Lösung bei den anderen sucht, beim Ehepartner, bei den Vorgesetzten, beim Konfliktgegner, bei der Gesellschaft oder bei der Kirche und die Arbeit an sich selbst für überflüssig hält, wird man »Erleider« seines Schicksals bleiben. Es kann sein, daß man noch einmal oder sogar öfters in dasselbe Loch fällt.

Bei allem Leid birgt eine Lebenskrise die Chance in sich zu lernen, wie man sein Leben mit Verstand gestaltet. Deshalb ist nichts hilfreicher, als den unangenehmen Dingen rechtzeitig und wachsam ins Auge zu schauen und die Schritte für eine tiefgreifende Wende mit Entschlossenheit zu tun.

Im Folgenden soll der Blick geschärft werden für jene inneren Zustände und Vorgänge, die man

»Krise« nennt. Es gilt, sie aus einer Ecke zu holen, in der sie nur als »Störung« des normalen Lebens betrachtet wird. Für viele Menschen ist der weder gewünschte noch vorhersehbare Einbruch in ein ruhiges Dasein zum Wendepunkt geworden. Dort begann für sie ein neuer Abschnitt, der sie in weit höherem Maß als je zuvor erfüllt und den sie als bereichernd und wertvoll bezeichnen. Eine Krise muß nicht das Ende jeder Hoffnung sein, sondern kann der Beginn einer sich selbst entwickelnden Dynamik des Lebens werden.

I. Alarmsignale

Schlaflose Nächte, kein Schwung bei der Arbeit, ständige Gereiztheit, bedrückendes Schweigen …

Man sollte einmal auf solche Erscheinungen in der näheren Umgebung oder bei sich selbst achten. Wenn man den äußeren Grund weiß, hofft man, daß solche Stimmungen bald vorübergehen. Es können aber auch Symptome eines tieferen Einbruchs in der innerseelischen Struktur sein. Es ist so, als ob jeder Lebenswille, jeder Mut und jede Hoffnung abgeschnitten sei. Kein Antrieb beflügelt zu Aktivitäten; es ist, als ob eine zentnerschwere Last auf einem läge. Gefühle der Leere, der Sinnlosigkeit, der Apathie, oder des ohnmächtigen Zorns sind Grundstimmung eines solchen Menschen. »Ich weiß nicht« oder »Was soll das Ganze«, »Laßt mich in Ruhe!« hört man ihn sagen. Dazu kommen Tränenausbrüche bei geringsten Anlässen und eine ständige innere Unzufriedenheit. »Mich stört die Fliege an der Wand« sagte eine junge Frau, die mit sich und ihrem Mann nicht mehr zurechtkam. Im Innersten ist der Mensch in der Krise erfüllt von Angst und Unsicherheit, von Gefühlen der Einsamkeit und des Verlassenseins, von ständiger Unruhe und Umhergetriebensein, oder einfach von einem ganz tief niederdrückenden Schmerz.

Häufig ist es auch das Empfinden, nutzlos zu sein. »Ich werde nicht mehr gebraucht«, klagen viele, wenn sie ihren Arbeitsplatz verlieren oder wenn die Kinder ausziehen. Die bedrückende Stimmung kommt über sie, ohne daß sie sie beeinflussen können. Alles ist schwer, und alles Tun macht Mühe.

Ständig steigen quälende Zweifel und Vorwürfe auf! Man verliert seine Sicherheit im Denken – »Was ist noch wahr? Wem kann ich noch vertrauen?« – und im Handeln. Es geht einem nichts mehr von der Hand. Es ist, als ob sich innerlich alles auflösen würde. Der Betroffene sieht nicht mehr klar. Das Leben erscheint ihm nur noch dunkel; Freunde und Verwandte erreichen ihn nicht mehr. Er fühlt sich allein mit seinem Geheimnis. Niemand kann ermessen, wie schlecht es ihm geht. Niemand kann ihn verstehen. In einer Situation absoluter innerer Anspannung kann ihn ein plötzlicher Sog überfallen. In der alten Bundesrepublik wurden jährlich etwa 200 000 Selbstmordversuche registriert, etwa 13 000 Tote. Nicht jede schwere Krise führt schon zur Selbsttötung. Die innere Spannung kann sich auch so entladen, daß dem denkenden Ich die Unterscheidung von Phantasie und äußerer Realität verlorengeht. Dann spricht man von einer Psychose. Ihre Kennzeichen sind vor allem Wahnvorstellungen, die von schrecklichen Ängsten begleitet sind. Oder jemand tut Dinge, die nicht mehr verstehbar sind. Beispielsweise zerreißt er seinen Personalausweis und andere wichtige Dokumente. Auch Brandstiftung kann Zeichen einer akuten Schizophrenie sein. Dies ist bereits eine schwere Erkrankung und bedarf wie jede Psychose einer stationären ärztlichen Behandlung.

Nicht jede Auffälligkeit jedoch ist schon eine Psychose. Einen Betroffenen darf man noch lange nicht als »anormal« bezeichnen. Auch mit dem Wort »Neurose« und »neurotisch« sollte man äußerst vorsichtig sein und es nie – was häufig geschieht – als Waffe verwenden.

Es trifft nur dann zu, wenn das Erleben und Verhalten, konkret die Fähigkeit zu arbeiten und zum menschlichen Umgang, auf die Dauer schwer beeinträchtigt ist. Bei Veränderung eines sonst normalen Lebens sollte man zunächst einmal den Begriff »Lebenskrise« verwenden.

Rückzug, um zu verarbeiten

Die Symptome einer Lebenskrise (Rückzug nach innen) sind eine Reaktion auf eine Situation, mit der der psychische Organismus im Moment nicht zurechtkommt und die er erst verarbeiten muß. Einen Menschen in dieser Situation kann man ähnlich betrachten wie einen körperlich Erkrankten. Sowohl der körperliche als auch der seelische Organismus muß alle Kräfte darauf verwenden, den eingedrungenen Bazillus abzuwehren bzw. die seelische Verwundung und Belastung zu verarbeiten und ein neues Orientierungssystem aufzubauen. Das Schwierige an einer Lebenskrise ist, daß sie einen unerwartet trifft, und daß man kein Verhaltensrepertoire hat, damit umzugehen. Man kommt ins »Schleudern«.

Die bisherigen Grundüberzeugungen sind nicht mehr selbstverständlich: hat es Sinn zur Arbeit zu gehen und für seine Angehörigen zu sorgen? Sind die Entscheidungen, die einmal getroffen wurden, z. B. für den Lebenspartner, richtig? Dazu gesellt sich meist auch der Zweifel am Glauben: stimmt das, was einem einmal gesagt wurde? Viele fühlen sich von den Menschen und von Gott zugleich verlassen.

Es gibt fundamentale Erschütterungen, wo der Zweifel an allem aufkommt, was bisher als wertvoll und erstrebenswert, als heiliges Ideal galt.

Eine Lebenskrise kann durch äußere Umstände, etwa durch Trennung der Ehepartner, durch Verlust eines Angehörigen oder einfach durch innere Entwicklung ausgelöst werden. Oft kommen innere und äußere Faktoren zusammen, z. B. eine schwere Krankheit um die Lebensmitte. Der bekannte Theologe Eugen Biser, ehemals Professor am Guardini-Lehrstuhl in München, nennt die Grundprobleme der heutigen Menschen Überforderung, Einsamkeit und Angst.[1]

Meistens treffen alle drei Nöte zusammen, wenn ein Mensch in eine Krise gerät; er fühlt sich in allem überfordert, im Beruf und im Umgang mit den Angehörigen, er empfindet sich isoliert und er hat Angst vor der Zukunft.

»Niemand kann mitfühlen, wie es mir geht«

Eine Krise ist ein Einbruch in ein normales, ohne Auffälligkeiten dahinfließendes Leben. Es ist hervorzuheben, daß es sich um einen emotionalen Bruch handelt, der sich von außen nicht erklären läßt. Deshalb reagieren Außenstehende mit Unverständnis und Ratlosigkeit, oft sogar mit Zorn und Ablehnung. »Was hat denn der oder die, es geht ihm/ihr doch (finanziell) so gut!«

Wer es nicht selbst erlebt hat, kann es nicht nachfühlen, daß die bisherigen Lebensinhalte nicht mehr tragen, daß man nicht mehr dabei sein kann beim Gespräch um die alltäglichen Sorgen oder bei allerlei Vergnügungen. Es ist, als ob plötzlich das Wasser eines Flusses in die Erde versickert und nur noch das leere Flußbett vorhanden ist.

Um im Bild zu bleiben: Das Wasser folgt der Schwerkraft, man kann es nicht zurückholen. Um wieder damit in Berührung zu kommen, müßte man einige Meter unterhalb der Erdoberfläche suchen.

So sollten wir auch die Bemühungen sehen, um eine Krise zu bewältigen. Ziel muß sein, wieder in Kontakt zu kommen mit dem emotionalen Fluß der Seele. Und wie beim Wasser müssen wir der Schwerkraft der Seele gehorchen. Das heißt, wir sollten fragen: Was ist im Augenblick wichtig? Was hat »Gewicht«? Was ist bedeutsam? Es kann sein, daß die tieferen Bedürfnisse vernachlässigt wurden, nach Ruhe und Entspannung, nach einem Tun, das nicht mit Nützlichkeit für andere verbunden ist, nach einem zweckfreien Dasein, oder aber auch nach einem Menschen, bei dem man sich verstanden fühlt. Gerade das nicht-direktive, d.h. nicht belehrende und nicht ratgebende Gespräch folgt dem Gefälle der inneren Wichtigkeiten und gewinnt am ehesten die verlorene seelische Harmonie zurück.

Eine Krise muß kein Unglück sein. Für viele Menschen wurde sie zum Beginn einer fruchtbaren Neuorientierung. Dies kann jeder, der in der Beratung und in der Seelsorge tätig ist, bestätigen. Oftmals ist es so, daß ein Funke zu neuer Lebenskraft und Hoffnung überspringt und einen personalen und spirituellen Erlebnis- und Wachstumsprozeß anregt, ein Ereignis, um das die Betroffenen heute froh sind und worauf sie sonst nie gestoßen wären. Die Krise war für sie der große Wendepunkt in ihrer Ausrichtung vom Äußeren zum Inneren, wo sie die Hohlheit und Plattheit von vielem, wonach sie bisher jagten, erkannten; wo sie den Wert der Stille, der Meditation, des Gebetes und des guten, bereichernden Gesprächs entdeckten; wo ihnen aufging, daß Glaube nicht etwas Angelerntes und Aufgesetztes sein muß, sondern etwas, was tief in die Wurzeln der Existenz greift und das Leben sinnvoll und froh macht.

II. Chancen der Krise

»Aus dem Leiden der Seele geht jede Schöpfung hervor« (C. G. Jung)

Das Leiden, das eine Krise mit sich bringt, sehen wir zunächst als unerwünschte und unberechtigte Störung unseres Glücks. Wer möchte nicht ein schmerzfreies Leben? Nur schwer kann sich die Erkenntnis durchsetzen, daß seelischer Schmerz auch Gewinn bringen kann. Wir werden gezwungen, uns mit uns selbst auseinanderzusetzen und die Aufgabe, die wir mit uns selbst haben, anzupacken. Wir können dann den Grundbedingungen unseres Daseins, die wir in Krankheit, Leid und Tod am Werk sehen, nicht mehr ausweichen.

Wenn es uns gelingt, den scheinbar unlösbaren Schwierigkeiten bewußt ins Auge zu schauen, z.B. über einen bevorstehenden Tod miteinander zu sprechen, werden neue Energien frei, neue Einsichten und neue Einstellungen zu den Problemen möglich. Nicht daß sich einzelne Dinge auf einmal ändern würden – der Verlust eines geliebten Menschen ist unwiederbringlich – aber sehr wohl die Sicht der Wirklichkeit, unser Blickwinkel, der verengt und verstellt ist und der uns das Leben abschnürt.

Nach dem bekannten Tiefenpsychologen C.G. Jung »ist die Psychoneurose im letzten Verstande ein Leiden der Seele, die ihren Sinn nicht gefunden hat. Aus dem Leiden der Seele aber geht alle geistige Schöpfung hervor und jeglicher Fortschritt des geistigen Menschen, und der Grund des Leidens ist der geistige Stillstand, die seelische Unfruchtbarkeit.«[2]

Entscheidend ist es, dem Menschen, der keinen Glauben, keine Liebe und keine Hoffnung hat, zum erlösenden Erlebnis zu verhelfen; und dies geschieht nicht durch irgendwelche Kunstgriffe oder Methoden des Psychotherapeuten, sondern erfordert den unbedingten Einsatz der ganzen Persönlichkeit, so Jung in seinem Vortrag vor der Pastoralkonferenz der evangelischen Pfarrer in Straßburg 1932.

Es läßt sich nicht leugnen, daß es einen Leidensdruck braucht, damit wir von den alten Vorstellungen und Gewohnheiten lassen und unsere Aufmerksamkeit von außen nach innen wenden. Nur wenn wir uns dem Ernst einer Situation voll und bewußt aussetzen bzw. ausgesetzt werden, bewegt sich etwas in der Tiefe unserer Seele, dort, wo die Antriebe und Neigungen ihren Sitz haben. Das Unbewußte ist träge, und es wird nur dann aufgescheucht, wenn wir in den Wurzeln unserer Existenz bedroht, angeregt, betroffen oder erschüttert sind. Nur dann lassen wir uns auf ein neues Denken ein und öffnen uns dem, was aus uns heraus will. Jesus hatte mit der geistigen Unbeweglichkeit und Verschlossenheit seiner Zeitgenossen zu kämpfen und dafür folgendes Bild gebraucht: »Niemand, der alten Wein getrunken hat, will jungen; denn er sagt: Der alte ist besser.«(Lukas 5,39) Gewöhnlich wehren wir alles ab, was uns beunruhigen könnte, seien es noch so logische Argumente und Tatsachen, die gegen unsere bisherige Überzeugung sprechen.

Erst das Leid, das uns ganz persönlich berührt, zwingt uns, im Kreisen um dieselben Inhalte in den alten Schablonen innezuhalten und unsere Situation so lange zu überdenken und zu besprechen, bis neue schöpferische, wohltuende, tröstende und erlösende Impulse und Einsichten aufsteigen.

Dies bestätigt sich immer wieder im seelsorglichen Gespräch. Die geistige Trägheit, die immer wieder zu denselben Schlüssen kommt, – z.B. der Mensch, der mir Unrecht getan hat, der Vater, die Mutter, der Ehemann, die Ehefrau ist schuld an meinem Unglück und deshalb abzulehnen – wird überwunden, und die Seele beginnt fruchtbar zu werden.

Um es noch einmal zu sagen: ob eine Krise für uns zum Guten wird, entscheidet sich daran, inwiefern wir uns der Situation in ihrem ganzen Umfang stellen und uns nicht apathisch einem blinden Schicksal überlassen. Alles hängt davon ab, wieviel persönlichen Einsatz wir aufbringen.

Votivtafeln – ein falscher Wunderglaube?

Instinktiv haben das die Menschen von jeher gewußt und je nach der Form ihres Glaubens den entsprechenden Ausdruck dafür gefunden. Es ist in diesem Zusammenhang sehr aufschlußreich, die Votivtafeln in den Wallfahrtskirchen aufmerksam zu betrachten. Es sind Situationen allerhöchster Not. Man sieht Bilder von scheuenden Pferden, von brennenden Gehöften, von umstürzenden Bäumen, von allerhand Unglücksfällen des ländlichen Lebens, von Krieg und Gefangenschaft; sie sprechen vom Leid der ganz gewöhnlichen Leute, z. B. auch davon, daß die Tochter aus zehnjähriger Drogenabhängigkeit befreit wurde. Bei alldem geht es darum, daß gläubige Menschen einen Ausweg aus ihrer Not gesucht haben und bereit waren, dafür höchste Opfer zu bringen.

Kann man nun diesen Weg den Menschen in Krisen empfehlen? Vieles sträubt sich da. Es würde ja einen Glauben, ja sogar einen außerordentlichen Wunderglauben voraussetzen, der dem krisengeschüttelten Menschen fehlt. Wunder sind im aufgeklärten theologischen Raum eher peinlich. Man bemüht sich schon, sie möglichst in der Hl. Schrift zu reduzieren – und erst dann die Wunder an Wallfahrtsorten! Es gibt kaum Abhandlungen von theologischer Seite, die sich mit diesem Phänomen auseinandergesetzt hätten.

Aber es geht bei den Votivtafeln nicht primär um das wunderbare, außerordentliche Eingreifen Gottes, das Naturgesetze aufhebt und dann noch als Beweis für seine Existenz hergenommen werden kann, sondern vielmehr um die Art, wie Menschen ihren Glauben zum Ausdruck bringen.

Dazu eine Geschichte von einem Wallfahrtsort, die ein durchaus kritischer Mann, der dort aufgewachsen war, erzählt hat. Als Kind hatte er mitangesehen, wie ein Mann ein zentnerschweres Kreuz auf den Knien vom Ufer des nahen Flusses zur Wallfahrtskirche auf den Berg trug und dabei einen Weg von etwa drei Kilometern zurücklegte.

Dazu brauchte er 5–6 Stunden. Er tat es an drei aufeinanderfolgenden Jahren. Beim Erzähler war nach mehr als 40 Jahren der bewegende Eindruck von damals noch zu spüren. Der Mann, der unbekümmert um die verwunderten Blicke der Zuschauer und um das Gerede im Dorf dieses außerordentliche Werk getan hatte, war ein Heimkehrer aus russischer Kriegsgefangenschaft. Er hatte es dort gelobt im Falle seiner Rettung. Man kann nur ahnen, welchem Grauen und welchem Entsetzen er entronnen war. Die Achtung vor dem Schicksal dieses Mannes und wie er damit fertig wurde, läßt das Theoretisieren darüber, ob es Wunder gibt, verstummen.

Der Entschluß, etwas mit dem letzten Einsatz seiner Kräfte zu tun, war im äußersten Elend geboren und hat – so dürfen wir annehmen – die seelischen Energien geweckt, die für ein Überleben nötig waren. Es hat sich das ereignet, was Jung für die Überwindung der seelischen Krise für nötig hält: der unbedingte Einsatz der ganzen Persönlichkeit, der den seelischen Stillstand bezwingt.

Die Absicht des Gefangenen, etwas zu tun, was ihm einmal alles abverlangen wird, hat in ihm eine Idee geweckt, die ihn weitertrug. Die Seele war schöpferisch geworden. Damit brauchen wir Gottes gütiges Wirken nicht auszuschließen. Das Entscheidende dürfte gewesen sein, daß sich in ihm selbst etwas verändert hat; und wir dürfen auch sagen, daß er zu einem außergewöhnlichen, heroischen Glauben gefunden hat.

Nur wer sich betreffen läßt, verändert sich

Eine Wallfahrt ist heute gewiß nur für die Allerwenigsten ein Weg zur Lösung der Probleme. Das Entscheidende ist, daß das, was sich im Gefangenen und späteren Heimkehrer vollzogen hat, auf eine andere Weise geschieht; daß die Seele wieder lebendig und schöpferisch wird, daß sich eine Idee bildet, die weiterträgt. Der Zugang dazu kann ähnlich anstrengend und schmerzlich sein wie in der geschilderten Geschichte. Es kommt darauf an, ob wir die Wahrheit unseres Lebens zulassen – und diese kann sehr bitter sein. Wie viele sind wirklich bereit, die Kritik, die von außen herangetragen wird, an sich heranzulassen, sie sorgfältig zu prüfen und ernst zu nehmen, ohne sofort gereizt dagegenzuschießen! Kirchentreue Menschen sind durchaus so demütig, eigenes Versagen zuzugeben, aber zu den schrecklichen Ereignissen in der Kirchengeschichte können sie meist nicht stehen. Negative Seiten der Kirche werden meist übergangen und verschwiegen. Den wenigsten ist bewußt, daß hier ein gewaltiger Mangel an eigener Identität besteht, an Kritikfähigkeit und an echtem und tiefen Glauben. Diesen Mangel anzuerkennen kann durchaus so schwer sein wie eine Fußwallfahrt. In sich selbst hineinschauen – erst dann kann die Seele leben. Aber davor scheuen die meisten zurück, selbst wenn sie hohe und heilige Ideale verfolgen; sie meinen, sie seien ja schon längst auf der richtigen Spur, und deshalb hätten sie eine Überprüfung ihrer Grundeinstellung nicht nötig. Es fällt auf, daß oft in kirchlichen Kreisen die neuen Möglichkeiten der Selbsterfahrung belächelt werden als etwas, was ein normaler Mensch nicht nötig habe. Das Leid einer Krise zwingt jedoch, nach innen zu schauen, weil es außen nicht mehr weitergeht. Dort öffnet sich ein Weg. Das ist die Erfahrung Ungezählter.

Dieses »Nachinnenschauen« ist der Weg zur Lösung der Probleme; es ist das, was in der Hl. Schrift Umkehr (Metanoia) genannt wird. Der erste Schritt ist nicht die heroische Bußtat, sondern das Zulassen der inneren Betroffenheit.

In der Geschichte vom verlorenen Sohn finden wir die Stelle: »Da ging er in sich und sprach: wie viele Tagelöhner meines Vaters haben Brot in Überfluß, und ich gehe hier vor Hunger zugrunde.« (Lukas 15,17) Das bedeutet: Er stellt sich der Situation, er läßt den Grad der inneren Gespaltenheit auf sich wirken. Das motiviert ihn zur Rückkehr.

Auf uns angewandt heißt das, wir sollten den Bildern unserer Träume Beachtung schenken, gerade wenn sie oft recht Paradoxes, Ekliges und Häßliches bringen, Szenen, wo es recht beschämend und unfein zugeht. Dies hat sich als recht erfolgreich erwiesen.

Es kann sein, daß wir im Traum wie der verlorene Sohn im Schweinestall sitzen, während wir in Wirklichkeit eine angesehene Position in der Öffentlichkeit haben. Es geht nicht darum, sofort eine Deutung zu erfahren, sondern eher, uns auf das Traumgeschehen einzulassen, wo unsere eigenen seelischen Anteile als Personen auftreten.

Auf diese Weise kommen wir an unsere Gefühle heran, und damit auch in unsere seelische Tiefe. Wollen wir uns selbst auf die Dauer nichts vormachen und wirklich die gesamte Wahrheit unseres Lebens entdecken, dann müssen wir uns bemühen, unsere Träume zu verstehen. Wir können dabei nicht abseits stehen und gewissermaßen von ferne zuschauen. Hier ist Aufmerksamkeit für das Wesentliche gefordert und die Bereitschaft, sein Selbstbild etwas trüben zu lassen. Wenn sich etwa in unseren Träumen unschöne Dinge ereignen, – Gewalt oder Sexszenen – müssen wir demütig eingestehen, daß wir das auch sind. Andererseits wollen die Bilder uns sagen, daß hier viel ungelebte Energie steckt und viele ungelebte Möglichkeiten. Wir sollten hellhörig werden für das Schöpferische der Seele, das uns neue Impulse, neue Einfälle und neue Wege aufzeigt. Es äußert sich meist in Träumen von Schwangerschaften, von Neugeborenen, von frischem Grün, von wachsenden Saaten oder von sich im Wasser tummelnden Fischen,

Bilder, die uns vom Evangelium her vertraut sind. Die Ratschläge, die uns das Unbewußte gibt – vorausgesetzt wir verstehen sie – unterscheiden sich von denen, die wir von außen, von Bekannten und Freunden bekommen, dadurch, daß sie wirklich zu uns passen und wir auch die Kraft haben, sie auszuführen.

Wir sollten uns in einer Krise immer wieder sagen, daß es noch eine Seite in uns gibt, die mehr weiß und mehr kann als wir heute mit unserem kleinen, eingesperrten, verunsicherten und verwirrten Ich vermögen.

Er schrie um sein Leben

Eine Krise wird deshalb zur Chance, weil sie uns zwingt, alle Kräfte und alle Möglichkeiten, die uns zur Verfügung stehen, auf einen Punkt hin zu konzentrieren, nämlich auf das bloße Überleben oder auf eine uns äußerst wichtigen Wert, z. B. die eheliche Liebe. Die Konzentration bringt uns ganz wörtlich ins Zentrum unserer Persönlichkeit, und alle anderen nebensächlichen Dinge können abfallen.

Den bedingungslosen Einsatz, den das Leid bzw. ein drohender Verlust erzwingt, dürfen wir als den Preis sehen, den wir für ein Neuwerden unserer selbst, für personales Wachstum und seelische Reife bezahlen müssen. Man kann sich vorstellen, daß dem Rußlandheimkehrer auch weiterhin das Gerede der Leute und die Jagd nach Wohlstand und Besitz unbedeutend waren. Es gibt auch heute

Menschen, die aufgrund einer Krise und der damit verbundenen Entscheidung ihren gutbezahlten Arbeitsplatz aufgeben, um ihre innere Wahrheit zu leben.

Man kann in diesem Zusammenhang die großen Gestalten der Kirchengeschichte und viele Ungenannte anführen, deren neues, zunächst anstößiges, später bewundertes Leben damit begann, daß sie sich dem inneren Elend stellten, dem Verheißungsvollen und Schöpferischen in ihnen selbst vertrauten und dann einen bedingungslosen Einsatz riskierten.

Vom hl. Franziskus wird berichtet, daß sein Weg vom verwöhnten Sohn begüterter Kaufleute zu dem, als der er in die Geschichte einging, von Krisen, Unsicherheiten und Leiden an der Dunkelheit bestimmt war. Bonaventura sagt von ihm, daß »er entlegene Gegenden, die Heimstätten der Trauer, aufsuchte und dort immerzu mit unaussprechlichen Seufzern betete.«[3]

Das heißt: er hat sich ganz und gar dem inneren Geschehen gestellt, bis das Neue in ihm durchgebrochen war.

Wir können in diesem Punkt des bedingungslosen Einsatzes oder der ganzen Hingabe auch den Schlüssel für manches harte und rätselhafte Wort Jesu sehen. Sagt er doch zum Thema der Nachfolge, daß einer, der zu ihm kommen will, sich lossagen soll von Vater und Mutter, Frau und Kindern, Brüdern und Schwestern, ja selbst von seinem eigenen Leben (wörtlich heißt es sogar, daß er dies alles »hassen« soll). (Vgl. Lukas 14,25)

Jesus führt dann das Beispiel von dem Mann, der einen Turm bauen will und dem Feldherrn, der in den Krieg zieht, an. Jeder der beiden müsse sich gut überlegen, was er da tut! Und als letzte Mahnung bleibt: »So kann also keiner von euch, der nicht von allem sich lossagt, was er besitzt, mein Jünger sein!« (Lukas 14,33, dazu 14,26–32) Es geht wohl nicht darum, aus heiterem Himmel aufgrund eines Anratens von außen von heute auf morgen mit Gewalt alle Beziehungen abzubrechen. Damit würde die Seele nur verarmen. Vielmehr weist Jesus darauf hin, daß seine Nähe und das, was er will und denkt, nur der verstehen kann, der sich der inneren Dynamik der Wandlung so hingibt, daß nur mehr der letzte Ich-Kern übrigbleibt.

In diesem Zusammenhang sei noch ein anderes Beispiel erwähnt, das mehr dem Alltag unserer Zeit entnommen ist.

Eine Frau erzählte, sie habe in ihrer Ehe, obwohl sie ihren Mann sehr liebte, von Zeit zu Zeit unter unerträglichen Spannungen gelitten. Es gab häufig solche emotionalen Blockaden, daß es fast unerträglich war. Kein Gefühl, kein Wort, kein Austausch war möglich. Da sie sehr gläubig war, betete sie einmal unter Aufbietung ihrer letzten Energie fast die ganz Nacht hindurch. Am nächsten Morgen war alles wie ausgewechselt. Sie verstanden sich wieder. Es war die Harmonie so tief wie nie zuvor.

Gewiß, dies ist kein Allheilmittel gegen Eheschwierigkeiten. Aber es wird doch die Wahrheit deutlich, daß hohe Werte auch einen entsprechenden Preis verlangen. Dieselbe Frau führte mich auch auf eine wichtige biblische Spur, von der sie inspiriert war. Sie erwähnte das Bild des blinden Bartimäus im Religionsbuch ihres Kindes (vgl. Markus 10,46–52). Ihr sei aufgefallen, daß das Gesicht des Blinden ganz rot dargestellt sei. Für sie war klar: dieses Rot bedeutet die Anstrengung des Mannes. Er ist rot angelaufen, weil er aus Leibeskräften schrie. Es war sein voller Einsatz. Er schrie um sein Leben; er dachte sich: jetzt, – wo Jesus vorbeigeht – oder nie! Dieses Rot im Bild gibt die Dramatik der Szene sehr treffend wieder. Und tatsächlich hatte der Schrei des Blinden Erfolg. Zuerst wird er gescholten und abgewiesen, vielleicht mit dem Argument, er solle die feierliche Atmosphäre nicht stören; der Meister könnte sich belästigt fühlen. Was sei er schon als Bettler, wo es doch um viel wichtigere Dinge gehe. Als er aber nicht aufhört, wird Jesus aufmerksam und läßt ihn rufen. Hier schlägt die Stimmung zu seinen Gunsten um. Die Umstehenden ermuntern ihn jetzt sogar, zu Jesus zu kommen. Was in der folgenden Begegnung auffällt, ist dies: Jesus fragt ihn nach dem, was er will, was aus ihm herauskommt. Er darf seinen Wunsch frei äußern, und Jesus respektiert sein Schreien und seinen Einsatz um jeden Preis als Ausdruck seines Glaubens und sieht darin den Grund, daß Heilung möglich ist. »Dein Glaube hat dir geholfen« (Markus 10,52) lautet der Satz, mit dem Jesus ihn und andere Bittsteller entläßt.

Wenn es also am Glauben hängt – gewissermaßen als Heilungsmittel – , läßt sich dieser Glaube einfach machen oder willentlich herbeizwingen? Es scheint, als ob wir hier wieder in eine Askese hineinrutschten, die alle religiösen Akte allein dem Willen zuschiebt und uns damit heillos überfordert.

Soll nun die Perikope wieder in diese Richtung führen?

Der entscheidende Unterschied zwischen einer reinen Willensaskese und dem, was die biblische Erzählung meint, ist, daß die erstere aufgrund einer äußeren Motivation gemacht ist; man faßt gute Vorsätze und versucht sie auszuführen, etwa um den Rat des geistlichen Begleiters zu befolgen. Das Schreien des Bartimäus kommt unmittelbar aus ihm selbst, aus seinem Schmerz; es ist nicht gemacht, sondern zugelassen. Ähnliches könnte man vom Gebet der Ehefrau und vom Gelübde des Gefangenen sagen. Der entscheidende Unterschied liegt darin, daß hier jeweils Kräfte des Unbewußten die Leidenden ergreifen und damit die Tiefe der gesamten Existenz mobilisieren, während bei einem rein willentlichen Vorsatz der innere Mensch unbewegt bleibt.

Worauf es also ankommt ist dies: dem Schmerz nicht ausweichen, ihn durchleiden und durchstehen und aus ihm heraus die Gebete formulieren, aussprechen oder sogar hinausschreien.

Jesus lobt den Glauben, der aus der Not geboren wird, auch wenn dieser ungebührliche, unkonventionelle und unorthodoxe Formen annimmt. Denken wir an die Frau mit dem Blutfluß, die Jesus gegen das Reinheitsgebot berührt (vgl. Lukas 8,43–48), oder an die Syrophönizierin, die als Heidin gar kein Recht auf Jesu Wirken gehabt hätte (vgl. Markus 7,24–30) und an den Umgang Jesu mit der Sünderin (Lukas 7,36–50).

In der Tiefe berühren wir uns

Es ist menschliche Erfahrung, daß bei einer äußersten Erschütterung, z. B. beim Tod eines Angehörigen oder Freundes das Trennende, das sich zwischen Menschen aufgebaut hat, abfällt und sie einander nahekommen.

Wenn der Schmerz, der allen gemeinsam ist, den Grund der Seelen aufwühlt, berühren wir einander in der Tiefe.

Die Deutung des Schreies des Blinden von Jericho als rettender Glaube führt uns noch weiter. Heißt es nicht von Jesus selbst, daß er im Augenblick des Sterbens laut geschrien hat? Bei Matthäus steht: »Um die neunte Stunde aber rief Jesus mit lauter Stimme: ‚Eli, Eli, lema sebachtani', das heißt: ‚Mein Gott, mein Gott, warum hast du mich verlassen?'« (27,46) und weiter unten: »Jesus aber schrie noch einmal mit lauter Stimme und gab seinen Geist auf.« (27,50)

Noch eine andere Stelle ist für das Verständnis wichtig. Im Hebräerbrief lesen wir: »Als Christus auf Erden lebte hat er mit lautem Schreien und unter Tränen Gebete und Bitten vor den gebracht, der ihn aus dem Tod retten konnte, und er ist erhört und von seiner Angst befreit worden.« (Hebräer 5,7) Der Hebräerbrief bestätigt, daß der Schrei Jesu am Kreuz – wo es buchstäblich ums Ganze ging, nämlich um die ganze Welt – wie beim blinden Bartimäus der rettende Glaube war. Unser Glaube sagt uns, daß dieser Schrei Jesu den Seelengrund aller Menschen berührt hat und damit allen Leidenden, Gequälten und Geschundenen nahegekommen ist. Der Verfasser des Hebräerbriefes führt weiter aus: »Denn wir haben nicht einen Hohenpriester, der nicht mitfühlen könnte mit unseren Schwächen, sondern einen, der in jeder Hinsicht auf gleiche Weise versucht wurde – doch fern von Sünde.« (Hebräer 4,15) Das Wort »versucht« sollten wir hier eher mit »erschüttert«, »zerrissen«, »verzweifelt« wiedergeben, um die Situation eines Menschen auszudrücken, der »mein Gott, mein Gott, warum hast du mich verlassen?« hinausschrie.

In der Tiefe ist der Wendepunkt

Als Menschen, die an Jesus glauben, dürfen wir annehmen, daß Jesus auch unsere Verlassenheit, unsere Ausweglosigkeit und Verzweiflung mit hinausgeschrien hat. Eine Vorstellung, die uns weiterhelfen kann. Denn wenn wir in einem Loch der Gefühlsleere, der Angst und der inneren Lähmung stecken, kommt alles darauf an, daß sich etwas bewegt, bis der Punkt erreicht ist, wo sich etwas

umdreht. Es muß nicht das wörtliche Hinausschreien sein, meist genügt das Aussprechen von
unangenehmen, seelischen Inhalten, von Verlet-
zungen, Beschämungen, Vorstellungen und Phan-
tasien, die uns an einem fruchtbaren Austausch
hindern. Wichtig ist immer: es gilt in das Erleben
zu kommen, die wirklichen Gefühle beim Namen
zu nennen und sie nicht aus falscher Rücksicht zu
verschweigen.

Alles hängt davon ab, ob wir den Wendepunkt
in der Tiefe unserer Seele erreichen, d.h. ob wir
auf tiefere Gefühle stoßen, zu solchen, die unser
angespanntes und zerrissenes Ich tragen und entlasten; wo wir Kräfte in uns spüren, denen wir
uns anvertrauen dürfen, weil wir sie als innere
Einheit, als Freiheit und Friede erleben; wo wir
das Alte, das uns bisher quälte, ruhig vergessen
können. Hier geschieht es, daß Krisen zu Wendezeiten werden.

Der Blinde von Jericho als Vorbild des hart-
näckigen und aufdringlichen Bittens hat mit seinem Ruf »Jesus, Sohn Davids, erbarme dich meiner!« Geschichte gemacht. Dieser Satz wurde zum
Inhalt des sogenannten Jesusgebetes, das in der
Ostkirche, besonders beim Mönchtum, eine weite Verbreitung fand.

In jüngster Zeit wird es auch in verschiedenen
Meditationshäusern und Klöstern im Westen ge-
pflegt. Und es ist jedem Menschen, der in eine
Krise geraten ist, zu empfehlen.

Wenn es gelingt, die volle Aufmerksamkeit auf
den einen Satz zu lenken, diesen im Atemrhythmus

zu wiederholen und für sich auszusprechen, beginnt die Eigentätigkeit des Seelengrundes zu wirken.

Teilnehmer von Kursen zum Jesusgebet berichten, daß es nach einiger Zeit regelmäßiger Übung in ihnen von selbst betet: Jesus, Sohn Gottes, erbarme dich meiner! Oder einfach »Jesus Christus« oder nur »Jesus«. Wir dürfen hinzufügen, daß am Anfang des Christentums »Jesus« der Name war, der mit Kraft aufgeladen war; durch welchen der Lahmgeborene sich auf seine eigenen Füße stellen konnte (Apg. 3,7 ff) und durch welchen viele andere Wunder geschahen; in der ersten Zeit wurde sogar die Taufe auf den Namen Jesu gespendet, d.h. wer gläubig wurde, wurde in die Atmosphäre und in die Kraft Jesu eingetaucht (vgl. Apg. 2,39; 8,16). Dasselbe können wir auch von denen sagen, die sich in das Jesusgebet vertiefen. Auch sie werden eingetaucht in den Erlebnisraum Jesu. Es wird einem leichter ums Herz, es stellen sich Zuversicht und Lebensfreude ein. Es ist, wie wenn sich eine innere Quelle geöffnet hätte, oft nach langer Zeit der inneren Dürre.

Der Beter hat einen festen Grund, auf dem er alles andere loslassen kann – er ist dort, wohin ihn die Schwerkraft der Seele gezogen hat. Er kommt zu einer wohltuenden Gelassenheit, zu jenem Gleichmut (nicht Gleichgültigkeit), der das Wirken Gottes, wie immer es auch sei, annehmen kann.

Neue Einsichten – neue Kräfte

Fassen wir die wichtigsten Punkte zur Bewältigung einer Krise noch einmal zusammen. Es geht um die Erschließung neuer Kräfte und Sinnzusammenhänge, und zwar solcher, die tragender, umfassender und hilfreicher sind als die bisherigen. Die menschliche Seele oder das Unbewußte trägt unermeßliche Schätze in sich, alles kommt darauf an, sie zu heben.

Hier ist als Wichtigstes die Erschließung der religiösen Erfahrung zu nennen. Der Satz Jungs über die grundsätzliche Fähigkeit der menschlichen Seele, die Nähe Gottes wahrzunehmen, sollten wir gerade in einer Krisensituation neu überdenken.

»Man sollte nachgerade einmal merken, daß es nichts nützt, das Licht zu preisen und zu predigen, wenn es niemand sehen kann. Vielmehr wäre es notwendig, dem Menschen die Kunst des Sehens beizubringen.«[4]

Theologische Aussagen von Heil und Erlösung werden nicht verstanden, wenn nicht zugleich auch die Gefühle – in diesem Fall Trauer, Schmerz, innere Leere, Einsamkeit, Verzweiflung – erlöst werden. Für die meisten beginnt erst in einer schwierigen Lebenssituation der Weg der Erlösung – in der Hl. Schrift symbolisch dargestellt im Auszug aus Ägypten, im Durchzug durch das Rote Meer und durch die Wüste. Die Arbeit an einer Lebenskrise trägt in sich die Chance, dem Hauptproblem im kirchlichen Raum, nämlich der

Abspaltung der Gefühle beizukommen; denn diese sind vom Verstand und Willen nicht unmittelbar lenkbar und gehorchen wie Wasserläufe ihrer eigenen Gesetzmäßigkeit. Der heilende Umgang mit Menschen in Krisen bietet die Möglichkeit, den Gefühlen ein erlösendes, beruhigendes und tragendes Flußbett zu graben und die Einheit von Verstand und Emotion wieder herzustellen. Es kann sogar gelingen, die innere Spaltung von Frömmigkeit und diesseitiger Wirklichkeit aufzuheben, die wesentliche Ursache dafür ist, daß Appelle zur Besserung folgenlos verhallen. Wenn das Leid angenommen und bewältigt wird, verändert es die Einstellung zum Glauben: es wird von einer Nebensache zur Hauptsache der Alltagswelt von Grund auf, mehr als jede noch so gut gemeinte Aktion.

III. Sensible Phasen

Krisen, ausgelöst durch Trennung, Krankheit und Tod sind Zeiten der Wandlung. Schmerzlich daran ist, daß sie uns plötzlich und unerwartet treffen und vor sich gehen. Es erscheint dann, als ob etwas zerbrochen sei.

Es gibt auch Veränderungen, die weniger auffällig vor sich gehen und auch nicht den Charakter einer seelischen Störung annehmen müssen. Ohne daß wir viel davon merken, wandelt sich unsere Persönlichkeit, unser Äußeres, unser Auftreten, die Art zu gehen, zu reden, zu arbeiten, unsere Einstellungen und Gefühle, z.B. wieviel Nähe und Distanz wir brauchen. Wir denken über vieles anders als vor 20 oder 30 Jahren. Erst wenn wir alte Bekannte z.B. bei einem Klassentreffen nach längerer Zeit wiedersehen, fallen uns Veränderungen auf; die eigenen merken wir weniger.

Nun gibt es Abschnitte in unserem Leben, wo wir verhältnismäßig gleich bleiben und solche, wo die Wandlung besonders auffällig wird, ohne daß sie von außen verursacht wäre. Man kann sie sensible Phasen nennen. Es sind Übergänge von einem Abschnitt zum anderen: vom Kind zum Jugendlichen, vom Jugendlichen zum jungen Erwachsenen; schließlich zum reifen Erwachsenen und zum alten

Menschen. Hier kann man durchaus von Krisen sprechen, weil Unsicherheiten auftreten, Altes, Gewohntes nicht mehr trägt, und weil man sich auf die neue Situation, z. B. auf das Nachlassen der körperlichen Kräfte erst einstellen muß.

Pubertät und Jugendalter

Die erste Krise trifft den jungen Menschen, wenn er sich aus dem engen psychischen Rahmen der Elternbeziehung löst. Es bricht für ihn ein bisher geltendes Bezugssystem zusammen. Der junge Mensch merkt, daß er nicht mehr das liebe Kind der Eltern ist, er entdeckt eigene Impulse, Gedanken und Werte. Was Eltern sagen, erscheint oft überholt, nicht mehr lebbar für ihn, nicht nachvollziehbar. Die Werteproblematik macht sich besonders im Bereich des Religiösen und der Moral bemerkbar. Was den Eltern wertvoll und heilig ist, sieht er als unbedeutend und langweilig an.

Der Bruch in der Religiosität zwischen den Generationen ist deshalb besonders schmerzlich, weil die Eltern ihren Kindern das, was ihnen selbst am meisten bedeutet, den Glauben, mitgeben wollten und darin ein wesentliches Ziel der Erziehung sahen. Umgekehrt besteht die innere Welt des jungen Menschen mehr aus dem Dagegen. Er weiß noch nicht, was für ihn möglich ist; seine neuen Werte sind noch nicht sicher; deshalb muß er sie mit Zähnen und Klauen verteidigen. In der Zeit des Abschieds von den Eltern, der mit etwa

15 Jahren einsetzt und oft mit 25 noch nicht abgeschlossen ist, taucht zum ersten Mal die Frage
»Wer bin ich?« auf.

Der neue Umfang des Ich

Dieses »Ich« muß erst definiert werden in der
Wahl des Berufes, in der Begegnung mit dem anderen Geschlecht, schließlich in der Partnerwahl
und in der Heirat. Der Weg, ein »Jemand«, ein
Mann oder eine Frau zu sein, ist heute psychisch
schwieriger als in früheren Zeiten, als es noch
mehr von außen vorgezeichnete sichere Bahnen
gab. Die Berufswahl mit der langen Ausbildungs-
zeit, dazu der Mangel an Lehrstellen, an Studien-
und Arbeitsplätzen ist für junge Menschen bela-
stend. Das Erwachen der Sexualität und auch
deren starke Stimulierung durch eine sexualisierte
Öffentlichkeit sowie die Unsicherheit in der Begegnung schaffen eine Situation, wo Ausüben von
Sexualität nicht mehr mit endgültiger Hingabe
verbunden wird. Die Schwierigkeit der Entscheidung und das Verharren in einer vorläufigen Beziehung sind darin begründet, daß der einzelne
seine Identität noch nicht abgrenzen kann, daß
ihm der Instinkt für das rechte Maß an Intimität
und Distanz fehlt.

Der innere Prozeß erfordert viel Energie und
zieht alle Aufmerksamkeit nach innen, so daß
mancher junger Mensch nach außen wie abwesend
erscheint. Die meisten übertönen durch lautes und

herausforderndes Auftreten die innere Unsicherheit. Den Anforderungen von Schule und Beruf können viele emotional nicht nachkommen, auch wenn sie es vom Intellekt her schaffen. Sie sagen, der »Frust« sei zu groß, und deshalb bräuchten sie den Ausgleich bei überlauter Rockmusik. Anzeichen einer echten Krise sind es, wenn ein junger Mensch keinen Antrieb in sich spürt, z. B. er kommt nicht aus dem Bett. Abends ist er aufgedreht und läuft wie verwirrt durch die Nacht. Es fehlt ihm ein Ziel, für das er sich engagieren könnte.

Und doch fühlt er sich wie eingesperrt. Wichtig ist, daß ihm Erwachsene einerseits zeigen, daß sie ihn mögen und mit ihm ihn Fühlung sind, andererseits aber auch Grenzen, vor allem kleinere überschaubare Ziele setzen, ihn mit kleineren Aufgaben betrauen, für die er sich einsetzen kann. Er braucht zunächst einmal einen geschützten Raum, die rauhe Luft der Arbeitswelt überfordert viele Jugendliche offensichtlich.

Gläubige Eltern waren bei Einbruch des neuen Lebensgefühls ihrer Kinder vor nicht ganz dreißig Jahren am meisten ratlos, wenn es um Sexualität und Religiosität der jungen Leute ging. Hier schien fast alles auf den Kopf gestellt. Eine neue Generation von Eltern kann eher damit umgehen, aber viele sind auch heute der Situation gegenüber hilflos. Eines sollte zur Grundregel werden, daß in Fragen des intimen Bereichs – und zu dem gehört die Religiosität noch mehr als Sexualität – nur ein behutsames und taktvolles Verhalten und

Reden weiterhilft. In diesem Bereich ist (nicht nur) der junge Mensch äußerst verletzbar.

Wichtiger als ein vorschnelles Verurteilen wäre nach den Gründen eines falschen Verhaltens zu fragen, und die dahinterstehende Not zu akzeptieren. Das Bemühen sollte dahingehen, das Vertrauen der Heranwachsenden in einer bedingungslosen Annahme nicht zu verlieren und mit ihnen ein Stück des Weges zu gehen. Unheil droht immer dann, wenn Angst oder Gleichgültigkeit mit im Spiel sind, und wenn sich kein Ort der Geborgenheit auftut.

Häufig erzählen erwachsene Frauen, wie sehr sie sich in der Jugend mit ihren Problemen von Vater und Mutter alleingelassen fühlten und wie sehr sie unter ihrer Einsamkeit litten. Verstehen und Einfühlen, Hinhören und Ernstnehmen entlasten von Unsicherheiten und Überforderungen, denen ein junger Mensch ausgesetzt ist. Wenn die Ebene der Beziehung trägt, sind die jungen Menschen auch bereit, deutliche Abgrenzungen, klare Weisungen und geistige Führung anzunehmen. Allerdings muß bei den Erwachsenen auch die Fähigkeit zur Führung vorhanden sein. Eines dürfte inzwischen nach den Versuchen antiautoritärer Erziehung herausgekommen sein, daß nämlich der junge Mensch emotionale Sicherheit sucht und solchen Personen folgt, die ihre Überzeugung mit Echtheit und emotionaler Kraft verbinden. Man denke an Roger Schutz in Taizé, der Tausende von Jugendlichen anzieht. Für große überzeugende Ziele, z. B. für den Schutz der Umwelt und die Bewahrung der Schöpfung, sind junge Menschen durchaus aufgeschlossen.

Lebenswende zwischen 35 und 45

Die Lebenswende zwischen 35 und 45 bedeutet einen Einschnitt, den die einen mit Erschütterungen und vollbewußt, andere ohne jede Beachtung erleben. Gewöhnlich ist der Mensch am Höhepunkt seiner vitalen Kraft und seiner Entfaltung nach außen angelangt. Er hat eine Familie, eine Position in der Öffentlichkeit, seine wirtschaftliche Existenz ist normalerweise gesichert. Es ist, wie wenn die Sonne im Zenit steht. Ab jetzt steigt sie nicht mehr – sie wendet sich dem Untergang zu. So ist es mit der vitalen Lebenskraft des Menschen; ihr Höhepunkt wird in diesem Alter überschritten.

Dies zeigt sich darin, daß uns das, was wir bisher mit Elan und Leichtigkeit verrichtet haben, schwerer fällt. Wir spüren mehr die Pflicht und die Verantwortung als die Begeisterung. Viele, die ein Geschäft aufgebaut haben, empfinden eher die Belastung und Unfreiheit als die Freude eines unternehmerischen Geistes. Es kann sein, daß kreatives Tun erlahmt und daß die Ideale der Jugend, die einmal so fasziniert hatten, verblassen, weil man sich mit der harten Realität arrangiert hat. Dies ist besonders in Berufen zu beobachten, die mit Menschen zu tun haben, bei Seelsorgern, Lehrern, Sozialarbeitern. Was früher anregend und erfrischend neu war, ist nach 20 Berufsjahren vielfach zur Routine geworden. Der einstige Revolutionär ist zum Schulmeister geworden, den anzuhören für die Kollegen eine Qual ist. Bedrückend wirkt ein Mensch, der zu einer ermüdenden Schablone erstarrt ist, am meisten im ganz engen Raum einer Ehe und Familie; auch in einer geistlichen Gemeinschaft kann das Zusammenleben so veröden, daß von jenem Funken des Geistes, der einmal den Stifter des Ordens und die Entscheidung für ihn beseelt hat, nichts mehr zu spüren ist.

Eine entgegengesetzte Strömung

Die Ermüdung im äußeren Tun und im menschlichen Austausch ist der Hinweis darauf, daß sich unterschwellig eine entgegengesetzte Strömung im seelischen Haushalt anmeldet; das bedeutet, daß sich zwei Energierichtungen gegenseitig blockieren. Die Lustlosigkeit und Erschöpfung von vielen Berufstätigen, besonders von kirchlichen Personen, würde hier eine Erklärung finden. Anstatt sich in Anklagen gegen die Verhältnisse, gegen die Gesellschaft, gegen die Kirchenleitung zu verlieren, wäre es besser zu schauen, welche Kräfte es denn sind, die mich in die eine, und welche mich in die andere Richtung ziehen. Wenn äußerer Erfolg ausbleibt, heißt das, daß die Energie nicht mehr voll nach außen geht, sondern nach innen weist. Wir sollten uns also überprüfen und der Lösung der inneren Konflikte und dem Wachstum der Persönlichkeit den Vorrang geben.

Bei den Tarot-Karten, die man als eine Form der Selbsterfahrung – nicht als Aberglauben – verstehen kann, würde dies die Karte des Einsiedlers sein. Wenn man bedenkt, daß jeder, der in einem erzieherischen, therapeutischen oder seelsorglichen Beruf tätig ist, sein eigenes Instrument ist, gewinnt die Mahnung, die Zeichen dieser Lebenszeit zu verstehen, ein enormes Gewicht; sogar noch mehr in menschlichen Beziehungen, besonders in einem so engen Verhältnis wie der ehelichen Partnerschaft. Wenn das Gefühl für die eigene Individualität erwacht, führt das meist zu belastenden Konflikten, insofern der andere Partner nicht mitzieht.

Meist ist es für den einen Partner unverständlich, warum der andere sich öfters zurückzieht, mehr Raum für sich beansprucht, sogar ein eigenes Zimmer und auch Zeit allein oder nach eigenem Ermessen verbringen will, eigene Interessen verfolgt, z. B. eine Ausbildung machen will. Es ist für den einen völlig überraschend, wenn der oder die andere ein ganz eigenes Dasein einfordert und die bisherige Einheit und Harmonie durchbricht. Dieser Drang zur eigenen Individualität kann sich in den Worten einer Ehefrau so ausdrücken: »Ich bin doch nicht sein Besitz! Ich will ich selbst sein.«

Sie hatte sich bisher in allem den Vorstellungen des Mannes untergeordnet, diese vielleicht sogar selbst mitvertreten und war stolz auf seine Erfolge, die sie auch als die ihrigen betrachtete. Sie war froh, sich bei einem starken Mann geborgen zu fühlen, und ihre Sorge galt dem gemeinsamen Wohl, vor allem der Kinder.

Jetzt erwachen ihre eigenen Impulse, sie will selbst über sich bestimmen, sie will nicht mehr abhängig sein. Beim Mann kann es so aussehen: Er fühlt sich von der Frau eingeengt, sie läßt ihm mit ihrer Fürsorge keinen Raum zum Atmen – er will mehr für sich sein.

Wenn beide zur selben Zeit in diese Entwicklung kommen und sich darüber austauschen können, ist die Krise leichter zu überstehen.

Wenn von vornherein keine tiefere Bindung da war, wenn die Heirat unüberlegt, z. B. nur wegen eines Kindes geschah, dann wird der Rest an Bindung abfallen.

Bei Ehekrisen löst sich das eingespielte Bezugssystem der Zweierbeziehungen auf. Selbstverständliche Grundbedingungen des Zusammenlebens gelten nicht mehr. »Ich kann mich nicht mehr auf ihn verlassen, ich bin nicht mehr der wichtigste Mensch für ihn.« So sagt manche(r) enttäuschte Ehefrau(-mann). Das Gespräch ist nicht mehr möglich, weil gewisse Rahmenbedingungen nicht mehr gegeben sind. Zum Beispiel: Was versteht der andere unter Freiheit und Gemeinsamkeit? Was für den einen gut, schön und lebenswert ist, ist es nicht mehr für den anderen. Zwei Menschen leben sich auseinander aufgrund einer inneren Entwicklung, und nicht weil der eine plötzlich auf eigenwillige Ideen gekommen ist, wie der andere meint. Es ist der falsche Weg, dem Partner, der sich verändert hat, die Schuld zuzuschreiben und zu verlangen, zur früheren Nähe wieder zurückzukehren. Man kann Gefühle am allerwenigsten erzwingen und eine eingetretene Entwicklung nicht zurückdrehen. Hilfreich ist nur, die Dinge, so wie sie sind, akzeptieren zu lernen – und das geht nur, wenn man sich mit der eigenen inneren Not befaßt und zu bewältigen versucht.

Nur wer sich selbst einem Prozeß aussetzt, den anderen losläßt und paradoxerweise ganz auf sich selbst schaut, hat auch die Chance, dem anderen wieder neu zu begegnen und den noch vorhandenen Grundkonsens zu beleben.

Revidieren früherer Entscheidungen

Für viele Menschen in der Lebensmitte sieht es so aus, als ob es jetzt darum ginge, alles, was man sich bisher in jugendlicher Unerfahrenheit aufgeladen hatte, alle Verpflichtungen und alle ungeprüft übernommenen Wertvorstellungen neu zu überdenken oder sogar aufzugeben. Die damit verbundenen Krisen in der Ehe, im Beruf und im Glauben bringen gewaltige Erschütterungen, viele schmerzliche Enttäuschungen und Trennungen und ungezählte Konflikte. Sie beinhalten aber auch die Möglichkeit eines tieferen und umfassenderen Verständnisses des eigenen Lebens und des Glaubens.

Frühere Entscheidungen für einen Beruf oder für einen Menschen werden in Frage gestellt, aber nicht einfach aus bloßer Lust und Laune, wie Außenstehende gerne vermuten, sondern weil die Voraussetzungen anders geworden sind; weil man mit 35 die Wirklichkeit eines Berufes anders sieht als mit 20. Es ist gewiß weniger dramatisch, wenn jemand seine bisherige Arbeit im Büro aufgibt, weil ihn das bloße Umgehen mit Bildschirm, Daten und Papier anödet, und er/sie sich in einem sozialen Beruf engagiert, z. B. als Erzieherin oder in der Altenpflege. Schmerzlich wird es, wenn die Entscheidung gegen den/die Lebenspartner/in ausfällt oder auch gegen den Priester- und Ordensberuf.

Wer nicht schon selbst eine Krise durchgestanden hat, reagiert meist mit Unverständnis, mit Ablehnung oder Bedauern. Es handelt sich um Dinge, die nicht vorkommen dürften, um einen Einbruch in ganz normales Leben, wie man meint, um Störung der Harmonie. Ist das nun ein Scheitern, wo wir doch Egoismus und Untreue oder zumindest den bequemeren Weg vermuten dürfen? Einmal gilt es zu bedenken, daß wir den Strömungen der unbewußten Seele mehr ausgeliefert sind als wir meinen, und niemand kann von außen beurteilen, was für den einzelnen gut und der Wille Gottes ist. Zum anderen ist nicht jedes Bleiben, ob in der Ehe oder im geistlichen Beruf, ein Gelingen.

Man kann in einer verödeten Atmosphäre buchstäblich die Seele verlieren. In vielen Lebensgeschichten stellt sich heraus, daß die jahrelangen, nie ausgetragenen und gelösten Spannungen der Eltern die Kinder neurotisch machten. Es ist auch kein Geheimnis, daß manche/r im geistlichen Stand die Probleme mit Arbeit, Alkohol oder anderem Suchtverhalten zudeckt. Die eigentliche

Grenze zwischen Falsch und Richtig läuft nicht zwischen der Alternative, ob jemand bleibt oder geht, sondern ob jemand bereit ist, der Wirklichkeit seines Innern ins Auge zu schauen.

Die Bewußtwerdung – nicht ohne Hilfe eines fachkundigen Begleiters – bewirkt, daß wir nicht mehr den blinden Emotionen ausgeliefert sind. Weil Konflikte genau in diesem Nichtwissen um das, was man tut, ihre Ursache haben, bedeutet ein Fortschritt in der Bewußtwerdung ein Weniger an Konflikten. Dies ist so zu verstehen: Wir können uns mehr in andere hineinversetzen und fügen ihnen weniger Schaden zu, wir sind überlegter und vorsichtiger in dem, was wir reden und wie wir uns verhalten. Wir erwerben sogar die Fähigkeit, Konflikte bei anderen Menschen zu lösen, wir werden zu Friedensstiftern. Wir haben mehr geistige Weite und personale Kraft, weil wir selbst die Dinge, die andere quälen, schon durchgetragen und durchgelitten haben. Wenn wir dazu beitragen, daß andere Menschen sich selbst und einander besser verstehen, geschieht mehr Gutes. Der größere Umfang der Persönlichkeit bewirkt auch mehr von dem, was wir anstreben. C.G. Jung sieht im Streben nach dem eigenen Lebenssinn und der eigenen Wahrheit, nach der Ganzheit der Persönlichkeit, das viele überfällt, ein Suchen nach Gott.

Aufgrund eigener Erfahrung und Beobachtung an seinen Patienten schloß er auf einen »religiösen Trieb«, d.h. eine in der Tiefe der Existenz beheimatete Kraft, die uns über uns selbst hinaustreibt, den Rahmen des konventionellen, gut gesicherten

Lebens sprengt und zum geistigen Erleben und zum inneren Wachstum anregt. Nach Jung fallen der Archetyp der Ganzheit, wie er diese Kraft nennt, und das Bild Gottes im Menschen zusammen. Das bedeutet, daß wir nicht eher zu Gott kommen, als bis wir unsere Ganzheit erreicht haben. Es ist eine alte Erfahrung, daß in den Augenblicken unseres Lebens, wo wir geschwächt sind, nämlich in schwerer Krankheit und im Sterben, jene Anteile unserer Persönlichkeit durchbrechen, die bisher nicht beachtet, nicht gelebt und nie bewältigt wurden. Deshalb verlangt der Sterbende, wenn er sich seiner Situation bewußt ist, von sich aus nach Versöhnung. Die Bitte um Vergebung und Bereitschaft zur Vergebung sind ein wesentlicher Teil eines geglückten Hinscheidens. Es kann aber auch sein, daß sich das, was nie angeschaut, nie angerührt und ausgesprochen wurde, als bloße Angst meldet.

Walter Nigg berichtet in seinem Büchlein »Die Hoffnung der Heiligen« vom Sterben der großen Gestalten des Christentums.[5]

Viele, wie die hl. Teresa von Avila und der hl. Franziskus, sind sehr leicht gestorben mit leuchtendem Angesicht. Es gab aber auch solche, die es sehr schwer hatten und von argen Ängsten gequält wurden, darunter die Seherin von Lourdes, Bernadette Soubirous, und die hl. Theresia von Lisieux. Vieles spricht dafür, daß diese beiden Frauen, die schon im frühesten Alter nur die spirituelle Seite lebten, noch einmal von den vitalen und erdhaften Elementen ihres Wesens geplagt wurden und daß sie durch sie hindurch mußten, während die berühmte Kirchenlehrerin (Teresa von Avila) in der ersten Zeit ihres Ordenslebens durchaus der anderen Seite huldigte. Vom hl. Franziskus ist auch bekannt, daß er vor seinem Aufbruch die Genüsse des Lebens liebte. Es lassen sich noch andere Beispiele nennen: Im 17. Jahrhundert lebte in Frankreich die begabte Mystikerin Jeanne-Marie Guyon, die den Weg des Gebetes des Herzens entdeckte und verbreitete. Ihr Sterben war aber von äußerster Verlassenheit geprägt. Es wäre zu fragen, ob es nicht auch hier Zusammenhänge mit ihrer Lebensgeschichte gibt; sie hatte weder in ihrer Kindheit noch später je emotionale Wärme erfahren und konnte sie auch ihren eigenen Kindern nicht geben. Ob nicht bei all der tiefen Mystik das Menschliche zu kurz gekommen war, das sich im Sterben noch einmal meldete? Weiter wäre zu verweisen auf den »engelgleichen Hirten« (Pastor Angelikus) Papst Pius XII. Auch er hatte bei all seiner persönlichen Frömmigkeit einen sehr schweren Tod.

Lebenswende: Die spirituelle Krise

Der Anschein, daß Religion für den modernen Menschen überholt sei, hat sich als falsch erwiesen. Gerade in der Lebenswende bricht die Frage nach Gott bei vielen sogenannten Glaubenslosen mit einer Leidenschaft auf, die im wörtlichen Sinn mit »Leiden« zu tun hat. Was heute so viele quält, ist nicht die Reue über unmoralisches Verhalten, sondern eine vollkommene Verunsicherung in der Tiefe ihrer Existenz. Sie wissen nicht mehr, wofür sie arbeiten sollen, worüber sie sich noch freuen können, wem sie und wer ihnen etwas bedeutet, wer sie im Innersten sind. Diese Grunderfahrung der Sinnlosigkeit treibt heute viele um. In den Meditationshäusern sind Menschen anzutreffen, die mit Kirche und Glauben seit Jahren nichts mehr zu tun hatten. Die einsetzende Entwicklung zur Individuation meint im Innersten eine Bewegung zum Alleinsein vor Gott und zugleich zu einer tieferen Verbundenheit mit den anderen Menschen. Viele finden in dieser Zeit Zugang zu den geistigen Schöpfungen der Menschheit und zur Heiligen Schrift. Es sei auch daran erinnert, daß die großen Gestalten der christlichen Geschichte ihre Bekehrungs- und Erleuchtungserlebnisse in diesem Alter hatten. Man denke an den heiligen Ignatius, die heilige Teresa von Avila, Johannes von Kreuz, den heiligen Paulus und an Jesus selbst (Lukas 3,21–23).

Um nur den hl. Ignatius herauszugreifen: Das Faszinierende an ihm ist, wie er es geschafft hat, ein Leben als Soldat, Lebemensch und Abenteurer aufzugeben und ein durch und durch spiritueller Mensch zu werden, mit völlig anderer Lebensweise, veränderten Wertvorstellungen und Zielen.

Diesen Weg des Übergangs hat er in seinen Exerzitien systematisiert und ist dadurch für Ungezählte ein Meister des geistlichen Lebens geworden.

Es ist wichtig zu sagen, daß er den Schwerpunkt auf den Entwicklungsweg, auf den Übergang des Erwachsenen von einer Einstellung zur anderen, legte.

So war es auch in den Anfängen des Christentums. Die »Umkehr«, die Metanoia, verbunden mit der Taufe von Menschen, die in freier Entscheidung diesen Schritt taten, war das zentrale Geschehen in der frühen Kirche. Deshalb hatte sie auch eine ungewöhnliche Ausstrahlungskraft.

Es wurde schon gesagt, daß Jung der Seele eine religiöse Funktion zuschreibt, im Gegensatz zu Freud, der die Religion für eine Kindheitsneurose hält. Jung hatte an Patienten beobachtet, daß ihre Heilung vor allem von der Frage nach dem Religiösen, d.h. nach dem ganzmachenden numinosen Erleben abhängt. Es ist die Suche nach dem letzten transzendentalen Grund, der das kleine Ich auffängt. Hier ist der Ort der Urerfahrung des Religiösen, welche den Menschen am meisten erschüttert und ergreift. Diese Form des Religiösen ist nicht an eine Konfession gebunden, auch nicht an eine Religion, sondern sie ist zunächst einmal allgemein menschlich. Sie ist immer mit dem bedeutsamsten existentiellen Ernst verknüpft. Nicht das Sexuelle ist das Hauptproblem, so Jung, sondern das Religiöse – zumindest nach der Lebensmitte. Und darin liegt auch die stärkste existentielle Kraft. Der Zulauf zu den Sekten und anderen religiösen Gruppierungen, welche den Hauptakzent auf das Erleben legen, beweist, wie sehr die Menschen die religiöse Frage umtreibt.

Wenigen in der Kirche ist bewußt, daß sich hier ein völlig neues Feld der Seelsorge auftut, das nicht mehr an den Bedürfnissen der Volkskirche und Volksfrömmigkeit orientiert ist, sondern unmittelbar an der Not der Menschen. Es braucht eine Art des religiösen Lebens, das viel umfassender ist und existentiell tiefer geht als die herkömmliche Praxis. Man kann von einem »inneren Weg« sprechen, der mit persönlichem Wachsen und Reifen und mit einer gesamtmenschlichen Entwicklung einhergeht. Ein Mißverständnis wäre es, zu meinen, ein solcher Prozeß führe zur totalen Abwendung von der Gemeinschaft und zu einem kultivierten Heilsegoismus.

Es ist im Gegenteil gerade so: Je mehr einer die eigenen Lebensfragen durchsteht und durchleidet, um so mehr gewinnt er an heilender und wegweisender Bedeutung für andere. Wer sich bewußt in seiner einmaligen Weise auf den Weg zu Gott macht, tut es auch für seine Mitmenschen.

Die Lebenswende kann auch anders ausschauen

Die Anschauung Jungs von der ersten Lebenshälfte als der Zeit der Entfaltung nach außen und der zweiten als dem Raum für das geistige Erleben und das Wachstum der inneren Persönlichkeit hat inzwischen weite Verbreitung gefunden. Es darf aber daraus keine Klischeevorstellung werden. Die Lebenswende kann auch ganz anders ausschauen.

Der französische Schriftsteller Marcel Légaut ging einen ganz eigenen Weg innerer Erfahrung und menschlicher Reifung. Schon als Student schloß er sich einer intensiven spirituellen Gruppe an und wurde deren führender Kopf. Er machte sehr bald eine steile Karriere als Professor der Mathematik, jedoch trugen er und seine Freunde sich mit dem Gedanken, eine spirituelle Lebensgemeinschaft zu gründen. Als er im Krieg 1940 als Offizier mit den Soldaten, die aus einfachen Verhältnissen stammten, zusammenkam, entdeckte er, daß das, was sich an der Universität abspielte, eine Welt für sich war, wenig geeignet, die Fragen zu lösen, die Menschen heute quälen. Die Weisheit des Lebens, nach welcher er suchte, vermutete er eher bei den einfachen Soldaten, die im Zivilleben als Arbeiter oder Bauern für ihre Familien sorgten, als in der von Standesdünkel geprägten Atmosphäre des Offizierskasinos.[6]

Ihm wurde bewußt, daß ihm ein wesentlicher Teil des Lebens fehlte, und er machte sich auf die Suche nach dem, was bei den Intellektuellen und Großstadtmenschen verlorengegangen war, nämlich die Beziehung zu den ganz einfachen Dingen, die Sorge um das tägliche Überleben, die unmittelbare Fühlungnahme mit der Natur, mit den Jahreszeiten, mit dem Wachstum.

So entschloß er sich, Bauer zu werden, und kaufte einen verlassenen Hof in den Alpen. Kurz zuvor hatte er geheiratet. Als Marcel Légaut diesen Schritt unternahm, war er genau 40. Bei diesem anerkannten Meister des Spirituellen war das, was sonst allgemein von der Lebenswende gesagt wird, anders. Er lebte zuerst seine geistige, sowohl intellektuelle wie spirituelle Seite, dann folgte erst die erdhafte und vitale. Er tat dies aus dem Gespür für das Richtige und gewiß nach reiflicher Selbstprüfung.

Die Lebenswende ist zunächst einmal der Punkt, wo das Noch-Nicht-Gelebte, das, was bisher im Schatten lag, aufbricht und nicht mehr zu unterdrücken ist. In den letzten Jahren wurde dieses Problem nicht nur in Bezug auf die Ehe, sondern vor allem im Bereich des Priester- und Ordensstandes akut. Um den vielen, die ausgetreten sind, gerecht zu werden, ist es nötig, nicht nur das Kirchenrecht, sondern die innere Dynamik des Lebens ernst zu nehmen.

Wenn verstopfte Kanäle des seelischen Haushalts zu fließen beginnen, entsteht ein neues Lebensgefühl, das Bewußtsein: ich bin nicht nur die Rolle, in der ich mich bewege, sondern ein eigenständiger Mensch! Es wird recht dramatisch, wenn anstelle von Unterordnung und Zurückhaltung eigene Ideen auftauchen und keine neutralen, sondern sexuelle Wesen sich melden. Wenn Mitbrüder bzw. Mitschwestern einen anderen Weg einschlagen, ist immer auch die eigene Identität berührt. Wer mit Ablehnung oder sogar Zorn reagiert, zeigt damit, wie sehr er vom Verhalten anderer abhängig, wie gering sein Selbstwertgefühl ist, wie leicht er sich aus der Fassung bringen läßt, wie wenig er selbst seine eigene Entscheidung verarbeitet hat. Echte menschliche und spirituelle Reife beweist sich darin, daß wir den Schritt eines anderen respektieren, auch wenn es weh tut, und ihm das Wohlwollen nicht entziehen. Wir sollten, um es noch einmal zu wiederholen, bei jeder Krise die Chance eines neuen Lebensentwurfes zu mehr Echtheit, zu einem kraftvolleren Leben, zu mehr menschlicher und sogar spiritueller Ausstrahlung mitbedenken. Denn die Erfahrung des Neuen und Ursprünglichen, das durch eine intensive Begegnung oder durch einen Gruppenprozeß ausgelöst wird, ist etwas so Wertvolles und Wichtiges, daß es nicht verleugnet werden sollte, zugleich auch etwas so Kraftvolles, daß es auch nicht mehr unterdrückt werden kann.

Jung sagt, daß die Anima bzw. der Animus – damit ist jene kostbare Erfahrung gemeint, die durch die Begegnung von Mann und Frau ausgelöst wird – in die Tiefe des Unbewußten führt. Wenn wir sorgfältig mit diesem Schatz umgehen, wird sich auch der Rahmen, in dem wir bisher lebten, erweitern, und es hat mehr Lebendigkeit Platz als wir meinen. Das oberste Gebot ist, daß wir der Kraft aus der Tiefe und dem Leben treu bleiben, nicht einem starren Prinzip. Dies kostet aber einen langen und mühsamen Innenweg, die schmerzliche Erfahrung, nicht verstanden und nicht ernst genommen zu werden, bis die Frucht des Neuen gereift ist. Zugleich braucht es eine therapeutische und spirituelle Begleitung, die um die Abgründe eines solchen Weges weiß. Ob das Neue und Schöpferische, das in einer glücklichen Stunde aufgebrochen ist, die ganze Persönlichkeit prägt und sich auch nach außen umsetzt, hängt wesentlich davon ab, ob ich bereit bin, mich voll und ganz auf eine regelmäßige Arbeit an mir selbst einzulassen. Über der Entscheidung, den geistlichen Beruf aufzugeben oder nicht, steht noch die, den Weg einer inneren Wandlung zu gehen oder nicht zu gehen.

Ähnliches trifft auch auf Eheleute zu, deren Beziehungen seit Jahren verödet und ausgetrocknet sind, und wo sich vielleicht ein Partner durch eine Begegnung mit einem anderen Menschen wie von den Toten auferweckt vorkommt. Oft ist es gerade das spirituelle Erwachen, d. h. die tiefe religiöse Ergriffenheit, die den einen dem anderen, der sie nicht hat, entfremdet und zu dem Menschen hinführt, mit dem der gesuchte Gleichklang der Gefühle möglich ist. Die Gefahr ist hier groß, daß man sich unbesonnen der Euphorie überläßt und nicht mehr merkt, daß man den Kontakt zur Wirklichkeit verliert.

Wer blind den aufsteigenden Impulsen nachgibt, wird bald mit neuen Problemen konfrontiert, die immer schwieriger zu bewältigen sind. Man kann in diesem Umbruchprozeß auch steckenbleiben und die Konflikte weitertransportieren, ohne den tieferen Sinn der Lebenswende je erfaßt zu haben. Manche mit großer Hoffnung begonnene Beziehung zerbricht auch wieder sehr bald, und die nicht erfolgte Aussöhnung mit dem Vater oder der Mutter der eigenen Kinder belastet gerade diese am allermeisten. Fehlhaltungen, die nie angeschaut wurden, z. B. emotionale Kälte, Rechthaberei und

patriarchalisches Gehabe sowie Unterwerfungs-
willigkeit aus Mangel an eigener Substanz und
vieles andere werden auch das Glück einer neuen
Partnerschaft trüben.

Echte Reifung zur Ganzheit gelingt aber nur
dann, wenn man sich über das Geschehene Re-
chenschaft ablegt, nicht von neuem anfängt, einen Bereich des Lebens zu verdrängen z. B. die
Verantwortung für die Kinder oder den Anspruch
aus der Tiefe der Existenz und des Urgewissens.
Entscheidungen in Umbruchsituationen sollten gut
reflektiert werden, ganz gleich in welchem Stand
eine(r) lebt. Dann nämlich werden Krisen zu Lern-
situationen, zu Chancen des Wachstums der Persönlichkeit.

Die Lebenswende richtig bestehen bedeutet im
letzten, daß wir unseres Menschseins bewußt werden und wir unser Leben mit anderen Augen sehen. Hinter der jugendlichen Begeisterung, mit der
viele ihre Entscheidung für eine Ehe oder für einen kirchlichen Beruf vollzogen, stand meistens
auch viel Naivität. Wir wollten – oder konnten
noch nicht – das Negative, den Schatten eines
Entschlusses sehen, vor allem, wenn er von hohen
und edlen Idealen bestimmt war.

Das Problem ist heute für viele: Muß ich aufgrund des ehelichen Versprechens oder eines feier-
lichen Gelübdes bedingungslos zu meinen früheren
Entscheidungen stehen, obwohl sie aus Voraussetzungen getroffen wurden, die heute nicht mehr
zutreffen? Was ist, wenn ein Festhalten am Alten
nur neue Blockaden und neuen Unfrieden mit mir

selbst und mit anderen bringen würde? Niemand kann einem Menschen in einer solchen Krise von außen sagen, was richtig ist. Man kann aber als spiritueller oder therapeutischer Begleiter durchaus die Sensibilität für das Echte und Wahrhaftige schärfen. Auf dieser Ebene ist der Wille Gottes am ehesten erkennbar. Wir dürfen auch hinzufügen, daß der Gott, den wir durch Jesus kennen, ein Gott des Lebens ist, daß Umbrüche und Erschütterungen zu diesem Leben gehören und daß dieser Gott für die Entfaltung und nicht für den Stillstand, für den Frieden und nicht für den Unfrieden ist.

Auflösung der Familie und Ausscheiden aus dem Beruf

Eine kritische Phase bei Nur-Hausfrauen entsteht, wenn die Kinder aus dem Haus gehen; bei Männern, auch bei Frauen, wenn sie aus dem Beruf ausscheiden. Ich denke an einen Mann, dem zu gleicher Zeit die Frau starb, dessen Tochter heiratete und der seinen Arbeitsplatz und dazu die Wohnung verlor.

Frauen, die sich fast nur für die Familie aufgeopfert hatten, werden nach dem Auszug der Kinder vor eine schwierige Situation gestellt, vor allem dann, wenn die Sorge für die Kinder einen großen Teil der Eheprobleme noch zudecken konnte. Wenn eine Beziehung verödet ist, kommt zur inneren Leere noch die Spannung zwischen den Eheleuten hinzu.

Der Lebensinhalt solcher Frauen, die sich dem alten christlichen Ideal einer guten Mutter hingegeben haben, ist in dieser Phase verschwunden. Sie müssen etwas Neues finden; der Anschluß an den Beruf, aus dem sie vor 20 oder 30 Jahren ausgestiegen waren, dürfte sehr schwer sein. Die Krise wird in der Tatsache deutlich, daß ein großer Teil der Patienten mit Depressionen in der psychiatrischen Klinik Frauen um die 50 sind. Andere Frauen kompensieren ihre Frustration, indem sie in die jungen Familien ihrer Kinder hineinsorgen. Eine Frau, die auch auf sich schaute und Eigeninitiativen entwickelte, wird es leichter haben.

Ruhestand als Aufgabe

Für Männer, und auch für Frauen, die aus dem Beruf ausscheiden, bestehen ähnliche Probleme. Der sogenannte Ruhestand wird zur Last, wenn Menschen es nicht gelernt haben, auch innerlich zur Ruhe zu kommen. Hobbies und persönliche Interessen sind vielfach ein Ausgleich für die Berufsarbeit und hilfreich, aber die eigentliche Aufgabe wäre, zum Alter als solchem Ja zu sagen, aus einer tieferen Dimension heraus zu leben. Es ist angemessen, daß Menschen in diesem Alter mehr religiös sind als früher. Alter muß nicht Abbau und Vergreisung bedeuten. Es gibt eine Reife und Lebenserfahrung, die ausstrahlt. Ein überzeugendes Beispiel ist der schon erwähnte französische Schriftsteller Marcel Légaut. Im Alter von

85 hielt er noch Kurse für spirituelle Bildung, die gerade von jungen Leuten besucht wurden. Seine Erscheinung war voller Wärme und Güte, von ungebrochener körperlicher Rüstigkeit und spiritueller Tiefe.

In diesem Zusammenhang ist auch Prof. Dürckheim zu nennen, der in Todtmoos-Rütte bis ins hohe Alter das Zentrum für Initiatische Therapie leitete, ebenso Enomiya Lassalle, der bis zu seinem Tod mit 90 im vollen Besitz seiner geistigen Kräfte war. Diese drei Männer sind überzeugende Beispiele dafür, daß intensives geistiges Erleben und Arbeiten das Alter ausfüllt und lebendig hält.

Von den russischen Starzen (Einsiedler und spirituelle Meister) wird erzählt, daß sie trotz ihres meist hohen Alters ein feines, fast kindliches Gesicht hatten. Emmanuel Jungclausen, Abt von Niederaltaich, weist in dem von ihm veröffentlichten Buch »Aufrichtige Erzählungen eines russischen Pilgers« darauf hin, daß die Menschen, die den Weg des Jesusgebetes wählten, schon eine Lebenserfahrung hatten und Beruf und Familie hinter sich ließen.[7] Die bewußte Entscheidung für das volle religiöse Leben wäre dann eher Sache der zweiten Lebenshälfte. Man denke auch an Klaus von der Flue, der als Einsiedler keinesfalls für die Menschen seines Landes nutzlos wurde, sondern noch großen politischen Einfluß ausübte.

Dem Religiösen als Aufgabe der zweiten Lebenshälfte, dem personalen und spirituellen Wachstum kommt in unserer Zeit mit erhöhter Lebenserwartung und vorgezogener Pensionierung eine besondere Bedeutung zu. Der Mensch braucht Ziele, selbst noch im Alter. Nichts macht das Leben so öde und langweilig wie der Versuch, ständig zu genießen. Selbst die angenehmsten Dinge – gutes Essen, Sex, Reisen, Unterhaltung – werden auf die Dauer langweilig. Äußere Ziele wie Erwerb von Vermögen sind kaum mehr möglich und auch nicht sinnvoll. Das Entscheidende ist, daß wir zur rechten Zeit vom Äußeren zum Inneren umkehren. Wenn wir es nicht freiwillig tun, kann uns eine Krise dazu zwingen.

IV. Glaubenskrise –
Versagen oder Gnade?

Mit Glaubenskrisen leben

Der bekannte Herausgeber des Wochenmagazins
»Der Spiegel« wurde in einem Interview zu seinem
70. Geburtstag gefragt, wie er denn zur Religion
stehe. Er sagte darauf, daß er aus einem katholischen Elternhaus stamme und eine religiöse Erziehung gehabt habe. Mit 15 habe er seinen Reli-
gionslehrer gefragt, ob man aus eigener Schuld
den Glauben verlieren könne. Dieser, ein hochge-
bildeter Jesuitenpater, habe ihm erklärt, daß es da
verschiedene Schulen, d.h. theologische Meinun-
gen gäbe. »Das«, so sagte Augstein, »genügte
mir!« Damit sei also seine Geschichte mit dem
Glauben zu Ende gewesen. Es geht hier nicht darum nachzuweisen, wie sehr dieser begabte und
einflußreiche Mann gegen die Möglichkeit, es
könnte doch etwas daran sein, immer noch an-
kämpft und daß die Geschichte mit dem Glauben
keineswegs für ihn gelaufen war, sondern wir sollten uns die Vielschichtigkeit dieser Frage genauer
anschauen. Hinter der Frage des jungen Augstein
stand doch die Aussage: »Ich kann nicht mehr alles
so glauben wie bisher; so naiv, so routinemäßg

alles mitmachen. Mir erscheint das Ganze so hohl. Es bringt mir nichts, wenn ich zur Messe gehe. Dem, was in der Predigt vorgebracht wird, kann ich erst recht nicht zustimmen, vor allem, wenn ich Begriffe höre wie Erlösung, Heil, Herrlichkeit. Da sollte ich jubeln und laut mitsingen. Wenn ich ehrlich bin; ich kann es nicht.« So wird es ihm wohl ergangen sein, ähnlich wie heute den meisten jungen Leuten. Wenn einer von ihnen fragt, ob man aus eigener Schuld den Glauben verlieren könne, ist das kein theoretisches Problem, das auf der Ebene hochqualifizierter theologischer Dispute abzuhandeln ist, sondern es heißt einfach: ich habe den Glauben verloren und ich fühle mich schuldig. An diesem »Sich-schuldig-fühlen« hängt es. Das heißt, in einer tieferen Schicht seines Wesens hat er sich noch keineswegs vom Glauben gelöst, sonst hätte er keine Schuldgefühle.

Die Antwort hätte so lauten können: »Du kannst nicht mehr so glauben und so mitmachen wie früher. Es ist normal in diesem Alter, daß man sich von den Vorstellungen der Eltern löst und zum eigenen Denken erwacht. Trau Deinem eigenen Gefühl der Ehrlichkeit und Echtheit!«

Damit hätte sich der Schüler ernst genommen gefühlt und jener kleine Funken des Glaubens, der hinter dem Wort »eigene Schuld« verborgen war, wäre – so dürfen wir vermuten – nicht erloschen.

Damit soll noch etwas deutlich werden: Der Weg aus einer Glaubenskrise beginnt damit, daß man sich mit seiner Geschichte angenommen und verstanden weiß. Damit öffnet sich das Innere wieder, das scheinbar verschüttet war. Der Glaube an Gott beginnt mit dem Glauben an den Menschen, oder anders ausgedrückt: Gott beginnt dann in uns wieder lebendig zu werden, wenn sich durch einen anderen Menschen ein Feld des Vertrauens auftut. Das Gefühl, verstanden zu werden, macht froh und befreit und kann etwas von der Erlösung ahnen lassen. Wenn wir auf einen Menschen in einer Krise eingehen, bieten wir ihm ein Stück Begleitung auf seinem einsamen Weg an. Wir stellen damit eine abgebrochene Beziehung wieder her. Wir zeigen ihm, daß sein ganz eigenes Empfinden und vielleicht sogar seine Entscheidung nicht etwas Bedauerliches ist, was wir ablehnen und was er durch eigenes Versagen verschuldet hat. Er darf erfahren, daß sich jemand für seine innere Welt interessiert, sie schätzt und nicht entwertet; daß er einem anderen, der womöglich an Jahren und an Wissen überlegen ist, etwas bedeutet, aber nicht weil ihn der andere aufgrund seines Amtes auf seine Seite ziehen will, sondern um seiner selbst willen.

Auf dieser Ebene ist der Glaube, den Jesus meint, zuhause. Jesus hat diese Haltung am anschaulichsten beim Zöllner Zachäus praktiziert. Er ließ sich genau von dem einladen, der es am allerwenigsten verdient hatte. Jesus hatte ihm entgegen der allgemeinen Erwartung auf diese Weise spüren lassen, daß »auch er ein Sohn Abrahams ist.« (Lukas 19,9) Umgekehrt ist das, was wir Unglaube nennen, Beziehungslosigkeit. Keine Klage ist in der Kirche öfters zu hören, als die über die

Gleichgültigkeit der heutigen Menschen gegenüber dem Religiösen und der Kirche. Aber es gibt kaum jemand, der darauf hinweist, daß diese Gleichgültigkeit gegenseitig ist. Es sind nicht nur Egoismus oder Hedonismus, weswegen sich die Menschen von der Kirche abwenden, sondern meistens ist es die Enttäuschung darüber, daß sie mit dem, was sie im Innersten bewegt, in dieser Kirche keine Heimat finden. Die Probleme der Theologen und der innerkirchlichen Streitigkeiten erscheinen ihnen unverständlich oder schlicht belanglos. Das Nichtverstehen schafft Abstand; man schaltet einfach ab, wenn über kirchliche Themen gesprochen wird. Es beginnt schon damit, daß jeder Satz, der mit »Gott« beginnt, die Aufmerksamkeit sinken läßt; denn dieses Wort ist kraftlos geworden. Wollen wir über Gott reden, müssen wir die Menschen unmittelbar ansprechen bei dem, was sie an Sorgen, Erwartungen und Hoffnung haben.

So hat es Jesus gemacht. Bekannt ist jener Satz: »Wer von euch, der einen Freund hat ... und ihm lästig fällt, wird doch seine Hilfe erfahren.« (Vgl. Lukas 11,5) Und weiter: Wer von euch Kinder hat und sie mag, wird ihnen kaum die Bitte um das tägliche Essen abschlagen.

Weil Jesus auf diese Weise an der Erfahrung der Menschen anknüpfte, war es nicht langweilig, ihm zuzuhören. »Sie staunten über seine Lehre; denn er lehrte sie wie einer, der Macht hat und nicht wie ihre Schriftgelehrten.« (Matthäus 8,28f) So beschreibt Matthäus die Stimmung nach der

Bergpredigt. Man könnte auch sagen: sie horchten auf; »es kam rüber«, wie es heute heißt.

Betroffensein, mitfühlen, mitleiden und mitdenken ist das Gegenteil von Gleichgültigkeit. Auf dieser Ebene wird eine Vorstellung von Gott vermittelt, die Paul Tillich so beschreibt: »Gott ist das grundlegende Symbol für das, was uns unbedingt angeht.«[8]

Entscheidend ist die Atmosphäre

Wir können auch sagen: ob ein Gespräch über den Glauben gelingt, entscheidet sich an der Atmosphäre. Ist sie frei und gelöst, so daß jeder den Eindruck hat, er wird, wie immer er sei, zugelassen und mit seinem Anliegen anerkannt, oder herrscht ein Klima, wo man sich gegenseitig mit Argumenten niederzuringen und den Glauben, in Wirklichkeit die eigene Meinung aufzuzwingen versucht?

Wenn sich jeder so einbringen darf, wie es ihm zumute ist, so wird das Erleben des Engagiertseins und der Nähe immer dichter. Das viel zitierte und schon längst abgenützte Wort von den zweien, die im Namen Jesu versammelt sind (Matthäus 18,20), würde hier seine Bestätigung finden, (und nicht nur, wenn wir »im Namen des Vaters und des Sohnes« beginnen).

Atmosphäre als die umgebende Luft und die Art des Zusammenseins ist eigentlich die Entsprechung der Bezeichnungen aus den alten Sprachen für Luft, Atem, Hauch und Geist zugleich (hebr. Ruach, griech. pneuma, lat. spiritus).

Zum Thema Atmosphäre bei Glaubensgesprächen wären hier zwei Fernsehdiskussionen mit Eugen Drewermann zu nennen. Es gab einen Auftritt des umstrittenen Theologen mit dem Bischof von Rottenburg, Walter Kasper. Dem Moderator ging es um den Effekt. Die beiden Kontrahenten wurden mit Fragen konfrontiert, auf die sie in kürzester Zeit zu antworten hatten und wo ihnen nur die Schärfe der Aussage blieb, um überhaupt bestehen zu können. Die verschiedensten Themen wurden durchgejagt. Selbst die Zuschauer im Fernsehstudio, so sagte eine Teilnehmerin, wurden angehalten, die Stimmung durch entsprechende Beifallskundgebungen oder Beiträge zu stimulieren. Es war ein anschauliches Beispiel, wie man Glaubensthemen und die notvolle Situation beider Seiten zur Sensation mißbrauchen kann.

Das Gegenstück dazu lieferte eine Sendung des Österreichischen Rundfunks mit Eugen Drewermann und dem bekannten Theologen Eugen Biser. Hier hatte man den Eindruck, daß der engagierte Professor seinen Gesprächspartner wirklich verstanden hatte. Die Atmosphäre war so, daß jeder ausreden, neue schöpferische Gedanken fassen konnte und nicht unter Druck stand. Und siehe: Eugen Drewermann hatte nicht jenes verbissene, fast verzerrte Gesicht eines verzweifelten Kämpfers, sondern war gelöst und manchmal sogar heiter.

Zurück zu den Glaubenskrisen und wie sie angegangen werden können. Noch einmal: entscheidend ist die Atmosphäre. Uns sollte bewußt werden, daß die Art, wie wir über Gott reden, keine Nebensache ist. Wenn sie verkehrt ist, wenn Druck, Ängste und Theoretisieren vorherrschen, schließen wir das Eigentliche worum es geht aus, nämlich den Geist, der beseelt und frei macht. Damit werden genau die vertrieben, die ehrlich nach der Wahrheit suchen.

Die Gnade der Glaubenskrise

Mitfühlen und mitbewegt sein, davon wird in Beiträgen zum helfenden Gespräch und zu heilender Seelsorge geredet – und trotzdem bewegt sich so wenig. Wenn sich wirklich etwas tun soll, dann ist als erstes der Frage nachzugehen: Wie bin ich selbst in das Gespräch verwickelt? Wie reagiere ich, wenn jemand meinen Glauben angreift, wenn jemand seine Zweifel äußert?

Es sind Ängste in uns, wenn wir sofort mit Gegenangriffen, mit Belehrungen und Argumentation oder mit betulichen und angelernten Formeln reagieren.

Ob ich das, was mir an Negativem entgegengebracht wird, in Ruhe und Gelassenheit anhören kann, hängt davon ab, ob ich selbst schon einmal in der Rolle des Zweifelnden war. Ich kann nur das nachfühlen, was ich selbst erlebt habe oder zumindest ahnen, worum es geht. Ein tieferer Einbruch in die bisherige Sicherheit und Oberflächigkeit kann aber nicht Ergebnis einer Übung oder eines guten Vorsatzes sein. Er kommt, ohne daß man ihn erwartet – man steckt plötzlich mittendrin. Aber erst, wenn ich diesen Durchgang geschafft habe, bin ich fähig, Menschen in derselben Situation aufzufangen. Wer je eine Krise durchgestanden hat, ist nicht mehr derselbe, er ist anders geworden. Er weiß, wovon er spricht, wenn von Gnade und Erlösung die Rede ist. Er kann es vom Erleben nachvollziehen und deshalb klingt das, was er sagt nicht mehr hohl.

Glaubensgeschichte einer 50jährigen

Im folgenden soll der Entwicklungsweg einer 50jährigen Frau dargestellt werden, an dem das Thema Lebenskrise und Glaube sichtbar wird:[9]

Magdalena Scholl (Name und Vorname sind vom Verfasser geändert) wuchs in einer traditionsgeprägten katholischen Umgebung auf. Von ihrer Kindheit und Jugend sagt sie, daß sie eine äußerst angepaßte, nie auffallende Musterschülerin gewesen sei. Es habe ihr aber an Selbstbewußtsein gefehlt. Der Mangel an Mut zum Eigenen führte sie in eine unglückliche Ehe. Mit ihren vier Kindern war sie heillos überfordert; es gab Zusammenbrüche bis zur Todes-Nähe. Der Kirche hatte sie schon längst den Rücken gekehrt. Mit 37 nahm sie zum ersten Mal an einem Meditationskurs teil. Damit fing etwas an, das sie nicht mehr losließ. Lassen wir sie selbst zu Wort kommen:

»Zunächst staune ich über die je persönliche Betroffenheit durch die Texte und darüber, daß sich so etwas wie ein »roter Faden« für mich daraus ergibt: es beginnt Entwicklung (im wahrsten Sinne des Wortes), ein therapeutischer Prozeß, der sich ohne Manipulation von außen ganz in mir selbst ereignet.

So oft ich kann, bin ich in den folgenden Jahren bei derartigen Kursen dabei; mit 40 geschieht dann mein »Auferstehungs-Erlebnis«: während der Meditation des Textes vom »Feld mit dem Totengebein« (Ezechiel 37,1ff), erlebe ich, wie sich aus all den Trümmern meines Lebens meine Person zusammenfügt, »durch IHN« neu gebildet wird, ersteht. – Das ist eine gewaltige Erschütterung, aus der dann überwältigende Freude wird: die Freude, am Leben zu sein; als »Ich« leben zu dürfen.

Der zu enge Rahmen der Kirche

Durch innere Lebendigkeit und neues Interesse gedrängt, sehe ich mich zu Hause bei den »katholischen Kreisen« um, ich möchte mich irgendwo einbringen; ich lebe in einer Kleinstadt; »man« kennt sich: ich – die »Abtrünnige« (denn ich hatte damals »protestantisch« geheiratet, und die Taufscheine meiner Kinder tragen den Stempel des ev. Pfarramtes!) – ich finde also »Geschlossenheit« vor und komme nicht an; mit dem Kaplan – ich spüre, daß auch er aus einer tieferen Quelle gespeist wird als nur aus der »Theologie« – ergibt sich zwar vorsichtig-distanzierter Austausch, doch wirklich brauchen kann auch er mich nicht – »frei-geistig«, wie ich bin.

So bleibe ich alleine hier am Ort – wenn auch nicht einsam, denn unter den Mit-Meditierenden habe ich inzwischen Freunde gefunden; da ist in-nere Nähe – auch über räumliche Entfernung hin-weg; das gemeinsame In- die-Stille-Gehen behält Anziehungskraft für mich wie nichts zuvor in meinem Leben ...

Eine erlösende Begegnung

1985 – ein Jahr nach meinem »Tag der Auferste-hung« – erschüttert mich ein Traum und wird für die folgenden Jahre bestimmend: er wird nämlich zum Ausgangspunkt für die Begegnung mit einem mir besonders kostbaren Menschen; »Einander-Erkennen« – als Geschenk des Lebens, mehr noch: ich komme mir selbst immer genauer auf die Spur; im Austausch mit ihm erfahre ich, wer ich bin und was an innerem Leben in mir angelegt ist; ich kann mich dem Prozeß überlassen, zu werden, die ich bin.

Alle Moment-Aufnahmen des Lebens sind ab jetzt zulässig: Freude und Schmerz, Zerrissenheit, Trauer, Öde und Aufschwung, Verlust, Ende und Neu-Werdung, die tausend Gesichter der Ver-wandlung, während etwas erblüht, wächst, reift oder als »Ernte« (einer Entwicklung) zusammen-gefaßt und eingebracht werden kann – das alles durchlebe ich in dieser Freundschaft, der ersten *wirklich lebensspendenden und lebensvollen Beziehung zu einem Mann in meinem Leben; ich – nicht nur gutmütig, freundlich angenommen – sondern geschätzt als gleichrangige, wichtige, wertvolle, eigenständige Partnerin.*

Schöpferischer Glaube

In mir wuchs eine Ahnung davon, daß es keine »Endstation« gibt; daß auch irgendwelche Ziel-Punkte sich immer wieder auflösen, weil sich inzwischen neue und weitere aufgetan haben; daß alles ein Fortschreiten ist von Raum zu Raum ... und daß es unendlich viele Möglichkeiten gibt, »sich« einzubringen ins Leben; in mir erwachte ein großes schöpferisches Potential.

Das Schöne ist: die Aufgaben kommen plötzlich »von selbst« auf mich zu (ich gestalte seit drei Jahren Meditationsabende, und diesbezügliche Einladungen mehren sich in letzter Zeit); nichts erfüllt mich momentan mit größerer Freude als die Vorbereitung dieser Treffen (dabei habe ich oft das Gefühl, aus dem Vollen zu schöpfen); nichts interessiert mich mehr als eine Aus- und Fortbildung auf diesem Gebiet (»Wege ins wortlose Beten« z. B. oder »Getanzte Gebete«, Einübung von Gebets-Gebärden, Herzens-Gebet, Musik-Meditation, Naturale Meditation usw.); ich werde mit dieser »Arbeit« bis 80 beschäftigt sein und darüber hinaus ...

Während einer langen Zeit habe ich Bibel-Stellen mit der Hand abgeschrieben: die lösende

Bewegung des Schreibens war immer schon heilsam für mich: so entstand für eine bestimmte Weg-Strecke mein persönliches Bibel-Tagebuch.

Stoßseufzer, wie etwa »Mein Herr und mein Gott« oder »Komm, Du heilender Geist« waren weithin mein einziges Gebet – es begleitete mich in den Schlaf, und ich erwachte damit; jetzt neige ich mehr und mehr zum wortlosen Beten; oft eröffne ich meinen Tag mit einem »Ritual«: ich begebe mich hinein in eine bestimmte Abfolge alter (unüblich gewordener) Gebetsgebärden und verweile im Schweigen darin; abschließend die »Segnung« meiner Mit- und Gegen-Menschen, die ich namentlich hereinhole in den »Urstrom der Güte«; es entlastet mich sehr, alle(s) einem größeren Zusammenhang anheimzustellen.

Seit kurzem bearbeite ich zusammen mit einer Analytikerin (nach C. G. Jung) meine Träume und erhoffe mir, dadurch meine Wahrnehmungsfähigkeit für innere und äußere Wirklichkeit weiter zu schulen ...

Schwierigkeiten mit der »traditionellen Kirche«

Äußerlich stört mich die Art, wie die »traditionelle Kirche« häufig mit schöpferischen Menschen innerhalb ihrer »Gemeinschaft« umgeht; wie sich die Oberen immer wieder ängstlich-besorgt um die »Rechtgläubigkeit« ihrer »Schafe« mühen und wie sie vermeintliche Abweichungen ahnden. Die theologischen Auseinandersetzungen rufen in mir darüber allerdings weniger Ärger als Bedauern *hervor, daß so mancher »Hüter« des Glaubens selbst anscheinend noch nie etwas von der Freude und Sprengkraft religiösen Erwachens erfahren hat ...*

Dann mag ich die großen Versammlungen einander Fremder nicht mehr, und diesen Schwall von Worten und Gebeten in den Gottesdiensten, mit dem die »Gläubigen« überschüttet werden (wo bleiben sie selbst dabei?); und dann das seelenlose Predigen so vieler Priester, für die es keine »Fragezeichen« gibt. Wo ist hier Raum für das Mysterium?

Dort finde ich mich nicht mehr zurecht und auch nicht am Platz; die täglichen Hl. Messen bei den Meditations-Kursen jedoch haben mich immer zutiefst ergriffen, ich erlebte sie sinn-voll, voll des Sinns.

Was ich mag, sind kleine überschaubare Gruppen. Menschen finden sich aus innerstem Bedürfnis zusammen, um der Stille Raum zu geben. Jeder ist anwesend in Gleichwertigkeit; die Achtung voreinander ist spürbar, behutsam, authentisch, wahr; Worte, aus dem Schweigen geboren, vermögen etwas vom Tiefsten und Heiligsten eines Menschen auszudrücken, und so werden sie auch verstanden und in entsprechender Ehrfurcht aufgenommen; es geschieht immer wieder so etwas wie »Fortpflanzung des Guten« durch den Austausch innerhalb einer Gruppe – »Brot-Vermehrung« ...

Religiöse Gemeinschaft zu leben ist für mich zur Zeit nur in dieser Form möglich.

Erfahrungen trennen

Manchen Leser wird die kritische Stellungnahme zur offiziellen Kirche etwas enttäuschen. Soll das Ganze dahingehen, daß man sich nur mehr in kleinen Grüppchen trifft und die Gesamtheit der Kirche aus den Augen verliert? Dies würde einer Art Zerspaltung des Kirchenvolkes gleichkommen. Andererseits sollten wir zur Kenntnis nehmen, daß Erfahrungen nicht nur verbinden, sondern auch trennen, und zwar solche, die sie hatten, von denen, die sie nicht hatten. Es ist ein Unterschied, wie jemand zum Glauben kommt; ob seine Erziehung und Gewohnheit nie erschüttert wurde, oder ob sich jemand durch äußerste Dunkelheit durchkämpfen mußte. Dieser Durchgang, diese Urerfahrung des Religiösen, prägt einen Menschen. Er empfindet anders. Wer selbst nicht ein Stück des Weges gegangen ist, wird ihn nicht verstehen. Das Geheimnis isoliert.

Sein Anspruch an die Gestaltung eines Gottesdienstes ist entsprechend seiner Lebensgeschichte anders. Er möchte, daß etwas vom Eigenen zumindest ansatzweise durchscheint. Es bleibt eine ernsthafte Frage, ob in unseren kirchlichen Veranstaltungen, ob in der Liturgie oder außerhalb, das Mysterium Gottes und des Menschen spürbar wird; ob nur die Immer-Treuen und Unkritischen eine Heimat finden. Im Grunde ist der Konflikt so alt wie die Geschichte, die Jesus von den beiden Brüdern erzählt. Der eine kam zurück und wußte, was Elend und was Heimat ist, der andere blieb zuhause und verstand nichts von dem, was geschah. (Lukas 15,11–32)

V. »Den Menschen mit Barmherzigkeit betrachten«

(Sigmund Freud)

Gedanken zu Ehekrise und Trennung

Es gibt Bereiche, wo wir keinen unmittelbaren Einfluß haben, und das sind unsere Gefühle, Stimmungen, Launen, Sympathien und Antipathien und unsere Antriebe.

Wer kann bestimmen, in wen er sich verlieben will? Die Verliebtheit ist etwas, was über zwei Menschen kommt und was sie sich nicht aussuchen können, im besten Fall noch ein Stück weit kontrollieren. In diesem Raum, der in der Tiefenpsychologie das Unbewußte genannt wird, entscheidet sich das Schicksal zweier Menschen, welche die Absicht haben, miteinander ihr Leben zu gestalten.

Die Emotionen als die Kräfte, die uns bewegen, sind unterirdischen Flußläufen vergleichbar. Wenn wir uns dem Lauf des Flusses anvertrauen können, dann sind wir mit uns und der Welt in Harmonie, wenn nicht, dann treten Konflikte auf.

Eine gute, harmonische Ehe entspricht einem tief eingegrabenen Flußbett, wo einmal zwei Ströme zusammengeflossen sind. Die Gefühle haben eine feste Richtung, ein Ausbruch aus dieser Ehe ist kaum denkbar. Aber was ist, wenn zwei Flüsse ihren Lauf erst suchen müssen, wenn sie vielleicht durch Überschwemmung zusammenkamen und nach Absinken des Wasserstandes getrennte Rinnen einnehmen? Viele Eheleute gehören zwar äußerlich zusammen, aber der emotionale Fluß ist schon längst auseinandergedriftet entgegen allen guten Vorsätzen und allem guten Willen. Wenn die gefühlsmäßige Nähe fehlt, wenn beide nicht mehr Entspannung, Aufgehobensein und Geborgenheit beieinander finden, gibt es ständigen Anlaß zum Streit, ewige Gespanntheit, Eifersucht und Verdächtigungen; sie kommen einfach nicht zur Ruhe. Damit erhalten auch die Kinder, um deretwillen man oft noch zusammenbleibt, nicht jenen Raum, wo sie ihre emotionale Sicherheit bekämen. Nur so könnten sie selbst einmal richtige Entscheidungen treffen. Die Not einer solchen Ehe schildert eine Frau auf folgende Weise:

»Ich lebe in einer Ehe ohne gemeinsame Sprache, so daß ich in mir mehr und mehr eine große Sprachlosigkeit feststelle ...

Ich weiß noch nicht, was richtig ist: in dieser Ehe zu bleiben oder zu gehen ...

Früher war ich furchtbar aggressiv oder deprimiert. (Sie hatte schwere Depressionen, Selbstmordversuch während der Schwangerschaft mit ihrem dritten Kind.)

Ich kann mit diesem mir fremden Mann nicht leben. Es ist nicht nur so, daß er nicht versteht, was in mir vorgeht. Es ist so, daß ich überhaupt nichts mehr für ihn empfinde. Vor allem kann ich körperliche Nähe nicht ausstehen. Ich habe ihm gesagt, daß ich nicht mit einem Mann leben kann, der innerlich tot ist, er braust auf: immer diese Drohungen, ich solle doch zufrieden sein und dankbar; denn schließlich tue er alles für die Familie ... was auf dem wirtschaftlichen Sektor stimmt!«

Die Frau hatte nach Jahren völliger Gleichgültigkeit das Erwachen der Religiosität und ihrer Persönlichkeit erlebt; ihr Mann steht dem kalt, ja feindlich gegenüber. Ein Beispiel für viele. Wie kam es zu einer solchen unglücklichen Entscheidung?

Als Mädchen hatte sie den um acht Jahren älteren Mann bewundert. Es war daraus eine Bekanntschaft geworden, aus der sie nicht mehr aussteigen konnte. Ihre Umgebung hatte erwartet, daß sie ihn heiratet, und sie hat es trotz Bedenken getan. Wenn man den Spuren dieser unglücklichen Entscheidung nachgeht, zeigt sich folgendes:

Sie war ein braves, schüchternes, fleißiges Kind, besuchte eine Klosterschule und tat alles, was man von ihr verlangte. Sie hatte zu ihrem Vater gar keine Beziehung. »Vater ... was ist das?« fragt sie traurig. Es wird verständlich, daß sie in der Begegnung mit dem Mann eher den Vater suchte als einen gleichrangigen Partner. Es war wie auf einem fahrenden Zug: sie konnte nicht mehr abspringen. Sobald sie nun auch seelisch erwachsen wurde, im Alter von über 40 und aus den Depressionen herauskam, war ihr der Gatte völlig fremd geworden. Als Grund für ihre falsche Entscheidung führt sie an: »Wäre ich doch mehr ich selbst gewesen!«

Aber dieses Ich-selbst-sein kann sich kein Mensch selbst geben. Sie lehnte sich an die Mutter an, die depressiv alles hingenommen hat und übernahm deren Haltung.

Wieviel Entscheidungsfreiheit besaß dieses Mädchen, nachdem das Gespür für sich selbst nicht entwickelt war? Ganz andere Mächte bestimmten ihr Leben. Gewiß, die Einflüsse kamen von den Eltern, die Kälte und Härte des Vaters, die depressive Art der Mutter. Aber wieweit ist diese Einstellung wiederum Ergbnis von dem, was diese selbst zu Hause erfahren hatten? Gerade in dem Bereich, in dem über Glück und Unglück, Sinn und Sinnlosigkeit entschieden wird, herrschen Mächte und Gewalten über unser Leben.

Bei den Griechen und Römern sprach man von den Göttern, in der Tiefenpsychologie spricht man von den Archetypen des kollektiven Unbewußten. Das Ich wird wie ein Boot auf den Wellen des Ozeans des Unbewußten geschaukelt. Das Tragische im Menschenleben besteht darin, daß unser kleines Ich im wesentlichen nicht viel vermag, vielmehr von den Konstellationen und Vorgängen des Unbewußten abhängig ist. Gerade in einer so engen Lebensgemeinschaft wie der Ehe und der Familie sind die Wirkungskräfte des Unbewußten entscheidend am Gelingen oder Mißlingen beteiligt.

Sigmund Freud sagte, man soll den Menschen mit Barmherzigkeit betrachten.

Das heißt nicht, daß man sich einfach seinen Launen überlassen darf. Die therapeutische Arbeit zielt vielmehr daraufhin ab, das Ich so zu stärken, daß es immer mehr Verantwortung übernehmen kann.

Ich habe mich in dir getäuscht

Viele Frauen, die in einer Ehekrise stecken, sagen: Ich habe mich in meinem Mann furchtbar getäuscht. Vor unserer Heirat und zu Beginn unserer Ehe war er so liebenswürdig, so fürsorglich. Ich konnte mich auf ihn verlassen. Aber dann wurde er zum furchtbaren Tyrannen, der nur seinen Willen gelten läßt. Mein Mann ist heute nicht mehr der, den ich geheiratet habe. Ähnlich klagt ein Mann über seine Frau, sie sei gefühlskalt, eigensinnig – ganz anders als früher.

Gewiß, Menschen können sich verändern im Laufe der Jahre. Meistens aber hat sich der andere nicht verändert, sondern man war einer Illusion erlegen. Freud nennt eine solche Illusion vom geliebten Menschen Übertragungsliebe. Übertragung in der Psychoanalyse meint, daß Erfahrungen der frühen Kindheit auf den Menschen, mit dem ich im engen Kontakt stehe, übertragen werden und damit alle Reaktionsmuster, alle Erwartungen und alle Ängste.

Wenn der andere zur Projektionsfläche kindlicher Übertragungen wird, fällt ein erwachsener Mensch in bestimmter Hinsicht auf die Stufe eines Kindes zurück. Dies zeigt sich im kindischen Verhalten; wie die Ängste eines Kindes, verlassen zu werden, Todesängste sind, so ist es auch bei mancher Eifersuchtsszene bis hin zu erpresserischen Drohungen. Der Geliebte muß so sein wie man es vom Vater oder der Mutter erwartet.

Wie ist es aber, wenn die eigenen Eltern gar nie so waren? Im Unterschied zu Freud, der meint, daß ein Mensch alles in seiner eigenen Lebensgeschichte gelernt hat, kommt Jung zu der Überzeugung, daß in jedem Menschen die Vorstellungen von Vater und Mutter bereits angelegt sind, ähnlich wie die angeborenen auslösenden Mechanismen verschiedener Vogelarten, ihr Nest zu bauen. Jung nennt diese Vorstellung Eltern-Imago, also Eltern-Bild. Der eine Partner sucht beim anderen die Wärme, den Schutz, die Sicherheit, die ihm nur der Vater bzw. die Mutter geben kann bzw. hätte geben können.

Je weniger die Erwartungen in der Kindheit erfüllt wurden, desto höher sind sie jetzt, und desto größer ist das Ausmaß der Illusion. Man stülpt dem anderen eine Sicht der Persönlichkeit über, die er gar nicht ist. Dies ist ein ständiger Anlaß zu Enttäuschungen. Eine Form der Übertragungsliebe wird in dem Märchen »Das Mädchen ohne Hände« dargestellt:[10]

Ein Mädchen wird von ihrem Vater dem Teufel geopfert, indem er ihr die Hände abschlägt. Als sie schließlich den Königssohn heiratet, vertauscht der Teufel, d.h. die negative Seite des Vater-Imago, immer die Botschaften zwischen ihr und dem König. Jede gute Absicht, jede Bemühung des Königs um seine Gemahlin wird ins Gegenteil verkehrt.

So ist es, wenn eine Ehe unter dem Aspekt der Übertragungsliebe geschlossen wurde. Erwartung und Erfüllung kommen nie zusammen und sind ständige Ursachen für Gereiztheit und Konflikte.

Kennzeichen der Übertragungsliebe ist also eine emotionale Unreife bzw. eine Unbewußtheit im Gefühlsbereich, die selbst durch eine akademische Ausbildung nicht verhindert wird. Dies schließt ein, daß alle guten Absichten in ihr Gegenteil verkehrt werden; daß entweder ein Partner auf den anderen reagiert wie ein Vater oder eine Mutter auf das Kind, den Partner nur in seiner Hilfsbedürftigkeit sieht und sich dabei maßlos überfordert oder daß der andere ein solches Verhalten ständig erwartet.

Solange die Übertragung fortbesteht, können sich zwei Menschen nicht als erwachsene, freie, von Angst befreite Partner lieben. Die Arbeit der Psychoanalyse bzw. der Eheberatung ist, die Partner aus der neurotischen Situation herauszuholen, d.h. die Übertragungen abzulösen. Jedoch in vielen Fällen, vor allem, wenn nur ein Partner bereit ist, mitzumachen, bleibt von der gegenseitigen Liebe nichts mehr übrig.

Das Unglück einer zerbrochenen Ehe kann aber auch zu einem wichtigen Schritt der inneren Reifung werden, einfach deshalb, weil die Not dazu zwingt, die Problematik des eigenen Lebens anzuschauen und zu bearbeiten. Ein Mensch kommt erst dann zum Frieden mit sich selbst und mit Gott, wenn er auch diesen Teil seines Lebens als zu ihm gehörend annehmen kann.

Das Gebot Jesu

Viele gläubige Menschen leben heute in einer kirchlich ungültigen Ehe, obwohl ihre Beziehung dauerhaft und fest ist und ihr Ehewille durchaus dem entspricht, was im Kirchenrecht gefordert ist. Die Auffassung der Kirche ist nach wie vor die, daß es keine neue gültige Verbindung geben kann, solang das Band der ersten Ehe fortbesteht. Eine Auflösung gibt es nur durch Tod oder durch Annulierung, d.h. durch Ungültigkeitserklärung. Grundlage dafür ist das Wort Jesu in der Bergpredigt:

»Ich aber sage euch: Jeder, der seine Frau entläßt – auch der Unzuchtsgrund gilt nicht – gibt Anlaß, daß sie zum Ehebruch verführt wird, und wer eine Entlassene heiratet, begeht Ehebruch.« (Matthäus 5,32)

Das Wort Jesu kann man nicht aufheben, aber man kann dazu folgende Überlegung anstellen:

Das Gebot Jesu von der Unauflöslichkeit der Ehe, ebenso die anderen Gebote der Bergpredigt sind zunächst im Raum des Urchristentums zu verstehen. Die ersten Christen waren von einer gewaltigen spirituellen Kraft erfüllt, durch welche die emotionalen Schwierigkeiten überwunden wurden. Das heißt, durch die Kraft des Geistes war es auch möglich, die Gebote Jesu zu erfüllen. Man könnte auch sagen, die Bergpredigt ist die ethische Norm von Erleuchteten. Sie setzt Menschen voraus, die als Erwachsene zum Glauben an Jesus gefunden haben.

Die Schritte zum Glauben waren aber zugleich gewaltige Schritte zur Reifung und Selbstfindung. Darin war die Ablösung von den Eltern als Form der wesentlichen Fremdbestimmung eingeschlossen. Die Nachfolge Jesu, der Eintritt in eine christliche Gemeinde, mußte meist gegen den Willen der Verwandtschaft erkämpft werden. »Wenn jemand zu mir kommt und nicht Vater und Mutter, Weib und Kind, Brüder und Schwestern, ja selbst sein eigenes Leben haßt, so kann er mein Jünger nicht sein.« (Lukas 14, 25–27)

Wenn diese Worte als Schritte zur Selbstfindung im Glauben verstanden werden, so waren sie die Voraussetzung, unter welcher die Unauflöslichkeit der Ehe möglich war. Weil der Glaubensweg Erwachsener mit der Taufe abgeschlossen wurde, so wurde die Unauflöslichkeit der Ehe mit ihr verbunden. Nur die Ehe von Getauften war unauflöslich; anders war es, wenn ein heidnischer Ehepartner christlich wurde und sein Gatte im Heidentum bleiben wollte. Paulus gestattete die Freiheit, diesen zu verlassen und auch wieder zu heiraten. Auch heute noch gibt es im Kirchenrecht das Privilegium Paulinum (canones 1143–1150), nach dem die Ehe von zwei Ungetauften aufgelöst werden kann, wenn einer sich taufen läßt und der andere das friedliche Zusammenleben verweigert. Die Schwierigkeit ist heute, daß die Taufe nicht mehr mit dem Glaubens- und Selbstfindungsweg Erwachsener verbunden ist, daß Taufe nicht mehr emotionale und spirituelle Reife voraussetzt, trotzdem aber die rechtliche Konsequenz hat, daß Getaufte keine zweite Ehe bei Lebzeiten des ersten Partners eingehen können.

Andererseits gibt es heute Situationen von Eheleuten, die denen des Apostels Paulus fast bis aufs Haar gleichen. Da ist ein Partner, der zum spirituellen und emotionalen Leben erwacht ist, d. h. der mit 40 zum ersten Mal weiß, was Glaube heißt. Gerade dieser Schritt schafft zwischen den Eheleuten eine Kluft so groß wie damals zwischen einem Neugetauften und einem Heiden. Von der inneren Verfassung her wären hier die Voraussetzungen für das Paulinische Privileg erfüllt. Gäbe es heute nicht so viele getaufte Heiden, wäre manches einfacher.

Durch den Ausfall des Reifungsweges in Verbindung mit der Taufe wurde aus einem Gebot, das der Liebe dienen sollte, für Ungezählte ein starres, ehernes Gesetz.

Man darf fragen:

War es die Gesinnung und der Wille Jesu, Menschen mit unerfüllbaren Forderungen zu konfrontieren und zu entmutigen? Wollte Jesus die Gebote des Alten Testamentes nur verschärfen?

Es läßt sich auf Schritt und Tritt in den Evangelien absehen, daß Jesus die Not und Schwäche der Menschen, aber auch die Sehnsucht nach Glück ernst nahm. Primär ging es ihm darum, daß sie sich ihm im Glauben öffneten. Und damit wurden sie auch befähigt, sein Gebot zu erfüllen. Die neue Existenzweise, die von den ersten Christen berichtet wird, schloß auch die Neuordnung des Unbewußten und damit die Erlösung der Gefühle mit ein.

VI. *Spiritualität des Alltags*

Wie ich Spiritualität des Alltags verstehe

Unter Spiritualität des Alltags verstehe ich eine
von religiöser Erfahrung geprägte Grundeinstellung, welche die kognitive, emotionale und beha-
viorale Seite des menschlichen Daseins umfaßt und
durchdringt. Es geht um den Brückenschlag von
der verkündeten Lehre zur Praxis, vom Ideal zur
Wirklichkeit, vom Sonntag zum Werktag. Gesucht
wird die Ganzheit des Menschen, die Einheit von
privater, erhebender Frömmigkeit und dem Verhalten im Beruf und im täglichen Umgang mit den
Menschen in nächster Nähe. Im Mittelpunkt steht
die Überwindung der Spaltung von Denken und
Reden in hohen Idealen und Grundüberzeugungen
und den frustrierenden, niederdrückenden, beäng-
stigenden Erfahrungen der täglichen Wirklichkeit.
Das Ziel ist, zu einer Haltung zu kommen, die
einerseits eine weltfremde Innerlichkeit überwin-
det und in die persönliche und politische Situation
der Menschen eingreift, andererseits aber die Tran-
szendenz als die unverfügbare, über dem Denk-,
Erlebnis- und Handlungsrahmen stehende Wirklichkeit nicht aus den Augen verliert, sondern sich
ihr umso mehr nähert.

Das Hauptproblem im kirchlichen Raum – warum die Ideale des Christentums so wenig greifen – hat seine Ursache in der Abspaltung der Gefühle, die von Verstand und Wille, nicht unmittelbar lenkbar sind und wie Wasserläufe ihrer eigenen Gesetzmäßigkeit gehorchen. Solange kein Weg gefunden wird, den Gefühlen ein heilendes, erlösendes, beruhigendes und tragendes Flußbett zu graben, bleibt jede Abmahnung von oben, jeder Appell von außen, jeder Aufruf zu guten Taten und zur Besserung ein verhallender Ruf in der Wüste. Wenn nicht die innere Spaltung der Menschen (sprich der Getauften) in Ratio und Emotion, in Frömmigkeit und diesseitiger Wirklichkeit aufgehoben wird, werden alle Versuche, aus einem privatistischen Christentum ein Christentum der Tat zu machen, scheitern. Der bloße gute Vorsatz etwa nach einer Beichte oder Betrachtung, die noch so gut gemeinte Aktion in einer Pfarrgemeinde zugunsten der Hungernden verändert meist an der grundlegenden Einstellung zum Glauben und zur Alltagswirklichkeit sehr wenig. Um einen festen Punkt zu finden, in dem sich spirituelle und alltägliche Wirklichkeit treffen, ist zu berücksichtigen, daß nicht nur neue, bessere Inhalte des Denkens gefordert sind, wie etwa das »positive Denken« zu suggerieren versucht, auch nicht die bloße Vermehrung der guten Taten – wie etwa ein höheres Spendenaufkommen –, sondern die Wandlung des gesamten Rahmens von Denken, Fühlen und Handeln.

Es soll nicht mehr ein Denken »herrschen«, das mit messerscharfer Logik gegen jede Empfindung und jedes Mitgefühl den Menschen und mir selbst sagt, was richtig und falsch, was zu tun und was zu lassen ist; vielmehr soll ein Denken möglich werden, wo auch die Gefühle ein Recht haben und an der Ausrichtung und am Ergebnis mitbeteiligt sind. Nur auf diese Weise werden die Emotionen versöhnt und beruhigt. Wenn der Wille nicht mehr gegen sie stehen muß, bekommt er auch die Kraft für ein neues Verhalten.

Betroffenheit als Ort der Gegenwart Gottes

Die Suche nach einer Spiritualität des Alltags soll die Frage beantworten: Wo ist Gott in der Welt? Gott, der nicht bloß im Jenseits, sondern in dieser Welt dasein und wirken will. Wo aber im menschlichen Dasein ist Gott zu entdecken, wenn man sich nicht auf Zeiten religiöser Verrichtungen beschränken will?

Es gibt eine Dimension der menschlichen Erfahrung, die mit Betroffensein, Bedeutsamkeit, Ernst und Echtheit umschrieben werden kann. Diese Qualität durchzieht nicht nur das religiöse Erleben (wenn sie es tut), sondern kann in jeder menschlichen Begegnung, in jedem Wort und in jedem Tun und in jedem Gefühl spürbar werden. Sie macht die Tiefe, die Intensität, die Wirksamkeit, den Sinn und den Wert des menschlichen

Daseins aus. Man spricht von tiefen oder ober-
flächlichen Gesprächen, um deren ernsthaften
oder weniger ernsthaften Charakter zu bezeichnen. In dieser Dimension der menschlichen Existenz ist die Anwesenheit Gottes in der Welt zu
suchen. Gott ist in der Tiefe des Seins oder nach
einem Wort von Paul Tillich das Symbol für das,
»was mich unbedingt angeht.«

Trauer als ein Zustand von Betroffenheit

Soll nun unsere ganze menschliche Existenzweise,
unser ganzer Lebensvollzug offen und transparent
für diese Dimension werden, gilt es, genauer anzuschauen, was mit »Betroffen sein« und »Mich
angehen« gemeint ist. Wenn zum Beispiel die
Nachricht vom Tod eines nahestehenden Angehörigen eintrifft, reagieren wir mit Erschütterung.
Wir sind unfähig, etwas zu sagen, die Stimme
stockt mitten im Wort; wir wissen nicht, wie wir
das einordnen sollen. Unsere Bewußtseinsstruktur
wird lahmgelegt, kann sogar zusammenbrechen.
Wer vom Trauerschmerz hingerissen ist, hört auf
zu denken und ist unfähig zu handeln.

Die Nachricht vom Tod eines bekannten und
bedeutenden Politikers kann die Atmosphäre in
einem Land verändern aufgrund der Betroffenheit,
die ausgelöst wird; z. B. als die Todesnachricht von
Franz Josef Strauß bekannt wurde und Leute auf
der Straße stehen blieben und einander anspra-
chen.

Trauer ist ein Extremfall von Betroffenheit, der erst der Aufarbeitung und Einordnung bedarf. Aber es wird deutlich, daß das Ich aufhört zu handeln – vielmehr geschieht mit ihm etwas. Betroffenheit führt Menschen zusammen und eröffnet eine andere Sicht der Wirklichkeit. Das Ergebnis dieses Prozesses ist aber ein Mehr an innerer Einheit, wo Gefühl, Gedanken und Sprache zusammenkommen.

Die Psychotherapie, in der abgespaltene und zerstreute Persönlichkeitsanteile zusammengefügt werden, in der das überforderte und entfremdete Ich entlastet und dem wahren Selbst zurückgegeben wird, darf deshalb zu Recht als ein Stück des Weges zu Erlösung und Vollendung bezeichnet werden.

Die Rolle der Metakommunikation

Metakommunikation ist das Gespräch über das Gespräch. Sie unterbricht den Fluß des Gedankenaustausches und bietet die Möglichkeit, den Sprecher mit dem Gesprochenen in Beziehung zu setzen. Die einfachste Form der Metakommunikation ist die Frage: Was ist im Augenblick? Wie geht es dir jetzt?

Damit kommt der Angesprochene – wenn er es zuläßt – in Kontakt mit seinen Gefühlen, und auf diese Weise kann die Qualität des »Mich-angehens« in den Alltag gebracht werden. Es braucht deshalb nicht die Todesnachricht, über welche wir nicht verfügen und welche wir auch nicht wünschen. Als weites Feld bietet sich der Bereich der Selbsterfahrung, der psychologischen Beratung und der Psychotherapie an. Sobald ein Klient in der Einzelsitzung oder ein Teilnehmer einer Gruppe seine ganze Aufmerksamkeit seiner inneren Bewegung zuwendet, sich nur darauf konzentriert und alle anderen Überlegungen abschaltet, wird er bisher verborgene Gefühle der Trauer oder der Minderwertigkeit zulassen können.

Damit tritt ein neuer, bisher abgespaltener Inhalt in das Bewußtsein, der meist – wie es in der Therapie geschieht – mit Schmerzen verbunden ist. Ähnlich wie bei der Todesnachricht wird die bisherige Bewußtseinsstruktur erschüttert. Der heilende Prozeß der Selbstfindung zu einem Leben mit mehr innerer Einheit und Wahrhaftigkeit, ganz gleich ob innerhalb einer Therapie oder in Begleitung eines seelsorglichen Beraters, ist deshalb eine wichtige Voraussetzung für eine Spiritualität des Alltags, die als Einheit der verschiedenen Denk- und Erlebnisweisen des Menschen beschrieben wurde.

Fassen wir zusammen:

Mit Betroffensein ist das Anhalten des geistig-körperlichen Bewegungsapparates, des Denkens und Verhaltens gemeint.

Wir schauen hin, wo wir in unserer Lebensgeschichte und -gegenwart leidvoll verwickelt sind und lassen den Schmerz darüber zu. Wir hören auf, Ereignisse und Wahrheiten, die uns angehen, von uns fernzuhalten, sondern lassen uns damit konfrontieren. Wir nehmen Menschen und geistige Erscheinungen ernst, statt sie mit einem Etikett zu versehen und einzuordnen.

Wir geben der Instanz in uns, wo jeder von uns ganz er selbst und mit sich eins ist, Raum zum Wirken.

Unser Ich wird dadurch miteinbezogen, verwikkelt und umgestaltet.

Die Rolle der Meditation

Unter Meditation im weiteren Sinn verstehe ich jenen Zustand des Bewußtseins, wo das Ich nicht aktiv, sondern hörend und aufnehmend ist; wo die Intuition und nicht die strenge Logik herrscht. Die strenge athematische Meditation schließt auch für die Zeit der Übung jeden Gedanken aus; der Fluß der Vorstellungen und Assoziationsketten soll total unterbrochen werden. Der Übende konzentriert sich auf ein Wort oder einen Satz, ohne daß er damit Erinnerungen und Gefühle wachrufen will. In der konsequent durchgeführten, gegenstandslosen Meditation nehmen wir gewissermaßen die Leerstellen in uns wahr. Indem das Ich ruhiggestellt wird, kann die ganz andere Seite in uns zum Zug kommen. Es ist die Instanz, wo jeder ganz er selbst und ganz mit sich eins ist, die jenseits unseres kleinen Ichs liegt, die in den transzendenten Urgrund hineinreicht. Dem Selbst, dem zentralen Seelenbild im Sinne Jungs, als einer übergeordneten, das Ich umfassende Ganzheit wird

Raum gegeben. Wir erfahren das Wirken dieser Instanz als innere Erholung und Erneuerung der Lebenskraft, als Harmonie und tiefe innere Ruhe, als spontane Bejahung aller Wesen, die uns begegnen, als Freude am Dasein, als Nähe zu Gott. Aus dem Nichts wird die Fülle. Wir dürfen sagen, daß durch diese Form der Meditation die Dimension des Betroffenseins und des Ergriffenseins, anders als bei der Todesnachricht, als entlastend und beglückend erlebt wird.

Früchte der Meditation

Im einzelnen kann die so beschriebene Meditation folgendes leisten:

Sie kann die Balance zwischen dem ergotrop und trophotropen System herstellen, was für eine Spiritualität des Alltags unerläßlich ist. Der Begriff stammt aus der Physiologie des vegetativen Nervensystems, welches außerhalb unseres Willens tätig ist. Es funktioniert zweipolig: Den ergotropen Bereich vertritt der Sympathikus, und darin ist eingeschlossen Anstrengung, Arbeit, Leistung, der Intellekt, die Aktiv-Seite des Menschen. Das trophotrope System sorgt für Erholung und die Ernährung des Organismus, für Atmung ebenso wie für Schlaf. In der Physiologie heißt es Parasympathikus. Wir dürfen ergotrop und trophotrop physiologisch und psychologisch verstehen. Wenn das vegetative Nervensystem nicht im Gleichgewicht ist, steht meist Überanstrengung dahinter.

Es folgen dann Zeiten der Erschlaffung und grundlosen Müdigkeit, der Arbeitsunlust, Gehemmtheit, Freudlosigkeit und Sinnleere. Das bedeutet zugleich, daß das seelische System von Intellekt und Gefühl außer Tritt geraten ist.

Dieser Zustand erfaßt besonders viele Priester. Viele lassen sich – wie es scheint – unter dem Druck von außen bzw. von oben in eine hektische Betriebsamkeit hineintreiben. Der tiefere Grund ist aber der, daß sie nicht gelernt haben, mit dem trophotropen Charakter ihres Lebens richtig umzugehen, wahrzunehmen, was der Seele gut tut und dem auch die entsprechende Priorität einzuräumen. Viele merken nicht mehr, daß ihr religiöses Tun zur bloßen Arbeit verkommen ist und die erholende, befreiende, beglückende Seite verloren hat, die, wenn sie gelingt, im Feiern, im festlichen Gestimmtsein zum Ausdruck kommt. Dazu muß auch gesagt werden, daß das traditionelle religiöse Leben vornehmlich deshalb sosehr im Schwinden begriffen ist, weil es meist durch eine strenge Erziehung zu sehr als Pflicht und als Leistung und zu wenig als innere Erholung, als Ernährung und Bereicherung der Seele erfahren wurde.

»Gebet und Arbeit war der Inhalt seines Lebens« steht auf dem Sterbebild eines Bauern, der in seinem Dorf großes Ansehen genoß. Jedoch, wer ihn gekannt hat, muß zugeben, daß für ihn das Gebet genauso Arbeit war, daß er in seinem Leben nur Härte gegen sich gekannt hat.

Hunger nach dem Religiösen

Viele, die heute der Kirche den Rücken kehren, wurden zu früh und zu oft mit geistlichen Gaben, sprich Belehrungen, Erklärungen, Verheißungen und religiösen Übungen überschüttet, noch ehe der Hunger danach vorhanden war.

Um die trophotrope, d.h. wohltuende, bereichernde Seite des Religiösen zu erfahren, muß deshalb zunächst einmal der Hunger danach geweckt werden. Diese Aufgabe erfüllt in vorzüglicher Weise die gegenstandslose Meditation, weil sie keine thematische Vorgabe hat und damit auch keine gefühls- und willensmäßige Zustimmung voraussetzt bzw. einfordert. Andererseits werden durch das Sitzen in der Stille religiöse Bilder, Riten und Texte mit Inhalt gefüllt. Es ist auffallend, daß die Eucharistiefeier, die auf Zen-Kursen täglich angeboten wird, sehr gut besucht und als starkes Erlebnis empfunden wird.

In diesem Zusammenhang darf gesagt werden, daß die Meditation eine Möglichkeit bietet, der wachsenden Säkularisierung des modernen Menschen wirksam entgegenzutreten. Gerade solche, die der Tradition entwachsen und religionslos geworden sind, erweisen sich oft als die eifrigsten Sucher auf den neuen Wegen der Religiosität.

Rückwirkung auf die Arbeit

Bei der Balance zwischen dem ergotropen und trophotropen Bereich ist noch darauf hinzuweisen, wie sich Meditation auf die Arbeit auswirkt. Als erstes fällt auf, daß Menschen, die regelmäßig meditieren, sich nicht mehr von der Arbeit auffressen lassen, daß sie nach Mitteln und Möglichkeiten suchen, um die Arbeit in ein vernünftiges Maß zu bringen, wo sie noch Freiraum für sich haben.

Es kann sein, daß man die bisherige Tätigkeit aufgibt und sich einen Beruf sucht, der einen mehr erfüllt. Oft geschieht es, daß eine schon lang anstehende Entscheidung getroffen wird; dies kann aber auch sein, daß eine Ehe, die so nicht mehr lebbar ist, auseinandergeht.

Intuitiver Zugang zur Moral

Nach W. Johnston, einem irischen Jesuiten, der in Japan Zen praktiziert und Theologie lehrt, verleiht das Sitzen in der Stille einen intuitiven Zugang zur Moral, d.h. der Meditierende wird befähigt, in jeder Situation von sich aus das Richtige zu tun. Er erhält die innere Sicherheit zu entscheiden, was zu ihm und vor allem, wer zu ihm paßt. Sein Blick wird geschärft für das, was wichtig und unwichtig ist.[11]

Man kann auch sagen, daß die Grundströmungen der Seele in neue Richtungen gelenkt werden und damit von sich aus mehr der innersten Instanz, wo wir Gott berühren und wo wir Gottes Willen erfahren, gehorchen. Das bedeutet, daß wir spontan, von innen heraus, Richtiges und Gutes tun. Durch diese Form der religiösen Praxis werden wir dem Leben selbst zurückgegeben.

Wir kommen los von einer Verzweckung des Lebens in allen Bereichen und können uns mehr der Absichtslosigkeit überlassen, d. h. der Überzeugung, daß das Leben sich selbst lebt und seinen Weg findet. Erst diese Einstellung macht den Reichtum, die Freude und die Kraft des Glaubens aus. »Im Nichthandeln geschieht die große Ordnung«, sagte der chinesische Weise Laotse im Tao-Te-King und »Wesentliches Tun erfordert Nichttun.« Damit erweist sich die Meditation als ein Weg zu der geforderten Einheit von heilig und profan, von Denken, Fühlen und Tun.

Zum Schluß noch ein weiterer Satz aus dem Tao-Te-King, das vor allem denen gilt, die (gleichwo) eine leitende Funktion inne haben: »Wenn das Volk schwer zu regieren ist, so darum, weil seine Oberen tätig sind.«[12]

Schluß

Krisen gehören zu den unangenehmen Dingen des Lebens. Wir haben es nicht gern von Menschen, die wir mögen, zu hören, daß es ihnen schlecht geht, daß sie mit ihrem Leben nicht zurechtkommen. Ebensowenig mögen wir freudlose und bedrückte Gesichter um uns, Menschen, bei denen jedes Wort schwerfällt. Leicht sind wir geneigt, ihnen die bedrückende Stimmung zum Vorwurf zu machen. Meist merken wir erst, wenn wir selbst betroffen sind, wie wenig sich jemand dieses Los aussucht. Bei aller Rücksichtnahme sollte eines aber nicht übersehen werden: Niemand braucht sich seinem Schicksal ausgeliefert zu fühlen. Jede Krise ist zunächst ein seelischer Stillstand, eine Unterbrechung des normalen täglichen Ablaufs. Man kann diesen Zustand nicht mit Gewalt zu vertreiben versuchen. Besser ist es, uns selbst oder dem anderen die Erlaubnis zu geben zu schauen, was ist. Gerade weil in der depressiven Stimmung der Blick eingeengt ist, sollten wir zunächst nur die Dinge betrachten, wie man sie im Augenblick sieht. Von selbst kommen wir dann auch dazu, sie wahrzunehmen, wie sie wirklich sind.

Eine Krise zwingt uns, auch den rückwärtigen Teil unseres Lebenshauses zu entdecken. Den wenigsten ist bekannt, welche unbekannten Schätze dort lagern – Lebensenergien, Ideen, Impulse –, um sein Leben sinnvoll zu gestalten.

Dies ist nicht bloße Vermutung. Den Beweis dafür liefern immer wieder Menschen, die durch die Dunkelheiten hindurch gegangen sind. Im Rückblick sind manche dankbar, daß es auch diese schweren Zeiten gab. Es war wie ein »Wachgerütteltwerden« zu einem bewußteren Leben. Manche Trennung und mancher Verlust eines geliebten Menschen erwies sich als Beginn eines ganz eigenen Weges, dessen Wert alles Bisherige übertrifft. Ebenso ist für viele eine Krise im Zusammenhang mit dem Beruf zu einer Sinn-vollen Neuorientierung geworden. Sie hat sie vom Gefordert- und Gehetztsein erlöst und ihnen den Raum gegeben, wo sie Mensch sein dürfen.

Krisen können das Leben schwer beeinträchtigen. Wenn man ihre Botschaft versteht, schenken sie dem Leben eine neue Qualität.

Anmerkungen

1 Eugen Biser, Glaubensverständnis, Augsburg 1976, S. 132

2 C.G. Jung, Zur Psychologie westlicher und östlicher Religion, GW Bd. 11,538

3 Vgl. Sophronius Clasen: Franziskus, Engel des sechsten Siegels, Werl 1962, S. 260

4 C.G. Jung, Psychologie und Alchemie, GW Bd. 12, S. 27

5 Walter Nigg, Die Hoffnung der Heiligen, Freiburg

6 Vgl. Thérèse Scott, Marcel Légaut, L'oeuvre spirituelle, Paris 1984, S.90

7 Vgl. Emmanuel Jungclaussen (Herausgeber), Aufrichtige Erzählungen eines russischen Pilgers, Freiburg 1984, ders.: Das Jesusgebet, Regensburg 1984

8 Paul Tillich, Ges. Werke, Bd. VIII, S.142

9 Genauer gesagt war sie gerade 49, als sie den Bericht schrieb. Sie betrachtete ihr Leben als die Zeit einer siebenfachen Wandlung (7 mal 7 = 49)

10 Vgl. Eugen Drewermann, Ingrid Neuhaus, Das Mädchen ohne Hände, Märchen Nr. 31 aus der Grimm'schen Sammlung, Olten 1981

11 Vgl. W. Johnston: Der ruhende Punkt, Freiburg 1974, ders.: Spiritualität und Transformation, München 1986

12 Laotse: Tao-Te-King, Weilheim 1976

Die Lebenskunst der Klöster

Münsterschwarzacher Kleinschriften

VIER-TÜRME-VERLAG

Vier-Türme GmbH, Verlag
Schweinfurter Straße 40 D-97359 Münsterschwarzach Abtei
Telefon 09324/20-292 Telefax 09324/20-495
Bestellmail: info@vier-tuerme.de
www.vier-tuerme.de

Gönne dich dir selbst

Von der Kunst, sich gut zu sein

Gebunden, 100 Seiten
ISBN 3-87868-274-3

"Gönne dich dir selbst!" fordert Wunibald
Müller alle auf, die über der Sorge um ihre
Arbeit und um andere sich selbst vergessen. Wie
finden wir die richtige Balance zwischen Liebe
und Arbeit? Wie bleiben wir mit unserer Seele in
Berührung? Mit welchen positiven Ritualen
können wir unseren Tagesablauf gestalten?
Dieses Buch lehrt die Kunst, sich selbst gut zu
sein.

Vier-Türme-Verlag

97539 Münsterschwarzach Abtei
Telefon 0 93 24 / 20-292 Telefax 0 93 24 / 20-495
Bestellmail: info@vier-tuerme.de
www.vier-tuerme.de

Anselm Grün

Wenn du Gott erfahren willst,
öffne deine Sinne

Halbleinen, 184 Seiten
ISBN 3-87868-159-3

Wie können wir heute Gott erfahren?
»Wenn du Gott erfahren willst,
öffne deine Sinne«, antwortet Anselm Grün.
Wer seine Sinne schärft, für das,
was um ihn geschieht, der erfährt Gott:
»Gott zeigt sich uns und spricht zu uns.
Er läßt sich betasten, schmecken und riechen.«
Ein Buch, das zum Leben auffordert.

Vier-Türme-Verlag
97539 Münsterschwarzach Abtei
Telefon 0 93 24 / 20-292 Telefax 0 93 24 / 20-495
Bestellmail: info@vier-tuerme.de
www.vier-tuerme.de